Etienne Bouton
de l'Académie du Maine

Histoires secrètes de la Cité Plantagenêt

[Le Mans]

Éditions Libra Diffusio

A mon épouse Mireille Bouton qui fut pour moi une aide précieuse de chaque instant et encourageante.

A la mémoire de mon père André Bouton, historien du Maine.

Du même auteur

Le Vieux Mans, richesse d'une ancienne cité,
éd. Philippe Petit, Angers, 1976.

L'Epau, l'abbaye d'une reine,
éd. de la Reinette, Le Mans, 1999.

La Couture, une abbaye bénédictine au Mans,
éd. de la Reinette, Le Mans, 2006.

Conception graphique et mise en page :
l'Atelier sur la Colline

ISBN : 978-2-84492-787-3

Retrouvez nos titres sur notre site Internet :
www.editionslibradiffusio.com
Et donnez votre avis sur notre blog :
http://editionslibradiffusio.blogspot.com

Préface

Avec ce livre, Etienne BOUTON vous ouvre sa mémoire, une mémoire qui stocke tous les secrets et les mystères de la Cité Plantagenêt, toutes les informations qu'il est souvent seul à connaître.

C'est un véritable centre de ressources dont l'accès vous est donné.

Vous voulez savoir quelle était l'activité du 7 rue des Pans-de-Gorron ; pourquoi la cathédrale s'appuie sur un menhir ; d'où viennent les boulets et bombardes ; quel est le lieu de renaissance du théâtre ; où se situe le tombeau de Geoffroy Plantagenêt ; dans quelle maison a vécu Ronsard ; pourquoi les rois étaient chanoines honoraires de la cathédrale. Sur tous ces sujets et bien d'autres, ce livre vous donne les réponses.

Vous voulez faire une promenade en Cité Plantagenêt en faisant revivre tous les lieux à découvrir, ce livre est fait pour vous.

Bonne lecture et balade en Cité Plantagenêt.

Jean-Claude Boulard
Sénateur-maire du Mans

La tour du Vivier, l'une des quarante tours romaines construites à la fin du IIIe et au IVe siècle de la cité de Vindinum, possède comme tout le reste de l'enceinte un décor exceptionnel. La partie basse était jadis enterrée. Cliché Dominique Breugnot.

PARTIE
1

De la préhistoire à la fin du haut Moyen-Age

L'actuelle ville du Mans doit sa fondation à l'implantation, vers cinq mille ans avant notre ère, d'une peuplade préhistorique s'étant concentrée sur l'aboutissement du plateau de Sargé bordant la rivière Sarthe. Elle éleva sur place un menhir cultuel et un dolmen funéraire. Les haches en silex et les polissoirs retrouvés dans le sol attestent la présence de ces hommes. Leur succédèrent des Celtes venus de l'est, la tribu des Aulerques cénomans. Ils fondèrent une petite ville vers l'an -500, qui plus tard prit le nom de Vindinum. Ils bâtirent pour se protéger

Statère d'or des Aulerques cénomans sur lequel figure à l'avers la tête d'Apollon couronnée d'un diadème. Au revers, un cheval androcéphale galopant conduit par un guerrier sur un char, au sol un ennemi vaincu couché à terre. Un trésor monétaire de 152 statères d'or fut découvert au Mans au quartier des Sablons ; le Carré Plantagenêt en conserve 85. Carré Plantagenêt, musée d'archéologie et d'histoire du Mans, cliché Musées du Mans.

une rudimentaire fortification et, pour gravir la colline, établirent des escaliers composés de grosses pierres plates. Cette peuplade gauloise battait monnaie d'or.

La région fut perturbée en l'an -58, par l'envahissement, venant d'Italie, de la VIIe légion romaine, qui laissa sur place des soldats d'occupation, puis poursuivit sa conquête.

Les Aulerques cénomans mécontents se révoltèrent pour retrouver leur indépendance, mais, en l'an -52, une nouvelle invasion romaine les maîtrisa.

Les Romains apportèrent leur culture, construisant d'importants monuments : aqueducs, thermes, amphithéâtre, forum. La ville s'étant étendue d'une façon clairsemée sur environ 95 hectares, on estime la population du IIIe siècle à environ 4 000 habitants. Une dizaine de voies reliaient Vindinum aux principales villes de l'Ouest. La paix de trois siècles, que l'on qualifie de romaine, fut anéantie en l'an 275 par un soulèvement d'esclaves dit « révolte des bagaudes » et par une invasion germanique.

Les Cénomans, cherchant à fuir rapidement et ne pouvant tout emporter, enterrèrent leurs trésors monétaires dans l'espoir de les retrouver prochainement. Ceux qui revinrent eurent la ferme intention de se protéger de toute nouvelle agression par une puissante fortification élevée à la fin du IIIe siècle et au IVe siècle, comme 77 autres villes de la Gaule.

Cependant, Vindinum ne retrouva pas la population du siècle précédent, n'ayant plus que 1 500 à 2 000 habitants. Son nombre n'augmenta pas avant la fin du IXe siècle.

Reconstitution du plan de l'amphithéâtre du Mans par Jean-Antoine Daudin (1748-1832). Il fait partie d'un recueil de dessins de nombreux objets d'antiquités romaines trouvés dans les fouilles des fondations du pont Royal du Mans [Pont Gambetta] sur la rivière de la Sarthe. Cette reconstitution est sujette à caution. Date, après 1809 ; cote MS B 687. Médiathèque Louis-Aragon du Mans.

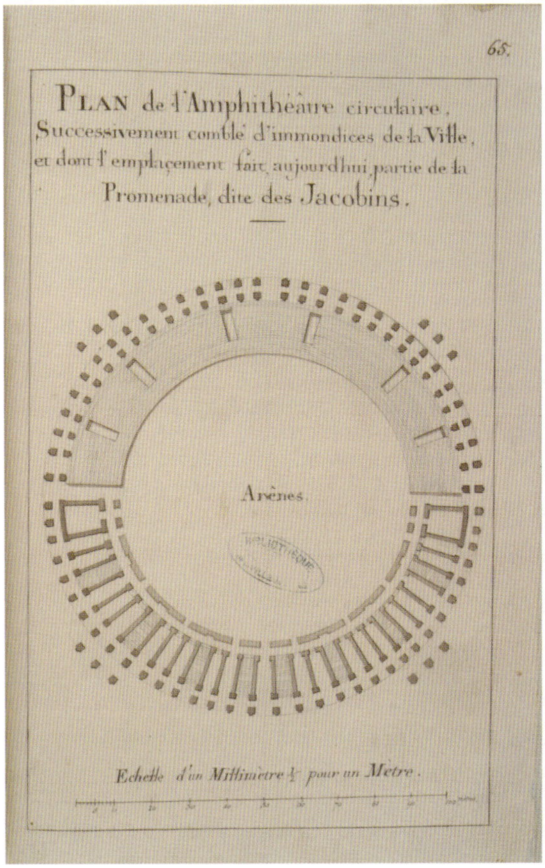

Une colonisation des Cénomans par les Francs, à la fin du Ve siècle, ne se fit pas avec douceur ; Rignomeris, chef installé au Mans, fut assassiné en 510 par ordre de Clovis.

Faisant suite à l'évêque Dolmole, en 581, le premier évêque franc sur le siège épiscopal du Mans, fut Badegisile, ancien maire du Palais de Clotaire, sacré à la hâte. Il se comporta d'une cruauté inouïe.

A l'extinction de la dynastie des Mérovingiens, succédèrent les descendants de Pépin d'Héristel, maire du Palais. Charles Martel, son fils, forma la dynastie des Carolingiens, qui administrèrent le pays avec sagesse. Charlemagne en fut le plus prestigieux représentant.

Les Cénomans eurent encore à lutter, cette fois contre Nominoë, chef breton, qui, s'étant emparé du Mans, fut repoussé en 850 par Gausbert comte du Maine.

Dans la seconde moitié du IXe siècle, les Vikings, venus du nord par bateaux, terrorisèrent les populations de l'ouest de la Gaule. Ils s'emparèrent du Mans en octobre 865, malgré les fortifications, incendièrent la cathédrale et dévastèrent les monastères. Ils revinrent en décembre, puis en 866, ce qui provoqua l'exode des moines qui emportèrent loin les reliques de leurs saints.

Charles le Chauve ordonna de mettre en état les fortifications et vint au Mans, en 873, s'assurer de la sécurité.

En 1062, Guillaume le Conquérant vient perturber la succession des comtes du Maine.

◆ Préhistoire

Le menhir adossé à la cathédrale

Des ombres planent autour du menhir manceau, son ancienneté, d'environ quatre à cinq mille ans avant notre ère, et sa situation en plein cœur de la cité, lui ont valu d'être, depuis la nuit des temps, quotidiennement regardé et touché par de nombreux passants.

Cette pierre de granit rose, haute de 4,55 mètres, censée contenir les esprits de leurs ancêtres, fut l'objet de vénérations de la part des peuplades celtes.

Une coutume s'est perpétuée : en touchant du doigt une petite cavité du menhir, les futures mères, par ce geste, venaient chercher pour leurs progénitures valeur, force et courage.

Les premiers apôtres du christianisme, qui avaient apprécié la puissance de cette stèle auprès de la population, implantèrent leur église – plus tard cathédrale – à proximité, afin de pouvoir y accueillir les fervents du culte païen, avec le secret espoir de détruire un jour son symbole. Le clergé dû cependant tolérer ce menhir en le surmontant d'une croix de fer, dont le scellement existe toujours.

Aujourd'hui, on s'approche toujours de cette pierre préhistorique, on la touche, ne croyant sans doute plus en son pouvoir, mais souhaitant seulement, par ce geste symbolique, « *affirmer être venu au Mans*[1] ».

Que Le Mans possède son menhir, fait unique en France pour une grande ville, permet de remonter visuellement à la plus haute Antiquité pour en retracer son histoire. Cliché Dominique Breugnot.

---

1 / **Les +** *de l'histoire* p.222

◆ Préhistoire

Le dolmen

Autrefois place Saint-Michel

Non loin du menhir se trouvait un petit dolmen préhistorique, appelé ensuite « pierre au Laict », constitué de deux dalles quelque peu enfoncées en terre. Il était placé au devant de l'angle ouest du portail méridional de la cathédrale. C'est sur les dalles de ce monument que soixante-cinq Manceaux eurent en 1428 la tête tranchée par l'ennemi, pour avoir tenté de se libérer de l'occupation anglaise. En 1609, on y brûla vive une femme qui avait égorgé ses deux filles.

En 1778, les pierres du dolmen, gênant quelque peu le déroulement des processions au devant du porche de la cathédrale, furent retirées par ordre des chanoines.

Le dolmen dit « pierre au Laict », n'ayant été détruit que peu d'années avant la Révolution, a permis à un dessinateur du XVIIIe siècle de nous transmettre son aspect qui fut repris par Etienne Bouton pour composer ce dessin. Coll. Etienne Bouton, cliché Dominique Breugnot.

◆ Préhistoire

Le polissoir

12 rue de la Truie-qui-File

Plusieurs grands polissoirs destinés à aiguiser les haches préhistoriques en pierre polie ont été identifiés dans le Maine. Au Mans, ce sont deux petits polissoirs qui ont été retrouvés. Ils ont été réemployés dans la maçonnerie, l'un au quartier du Pré – maintenant présenté au Carré Plantagenêt –, l'autre à six traits, placé au XVIe siècle 12 rue de la Truie-qui-File, pour servir de base à un pilier cornier. Sa petite dimension laisse supposer un usage presque domestique.

Ce polissoir de l'âge de la pierre polie fut conservé au XVIe siècle pour son décor énigmatique, époque à laquelle les haches polies étaient considérées comme des rejets de la foudre. Cliché Dominique Breugnot.

◆ Période romaine

La colonisation de Vindinum

En l'an 58 avant notre ère, la 7e légion de César, ayant à sa tête Publius Crassus junior, fit la conquête de l'ouest de la Gaule, soumettant assez facilement les Cénomans. Après un effort de rébellion des vaincus, les troupes romaines, repoussées, s'emparèrent à nouveau de notre territoire. Au fil des années, les soldats d'occupation firent souche, transmettant aux habitants de Vindinum (Le Mans) leurs manières de vivre, de travailler, de fabriquer des briques, de construire, d'exploiter le fer, de fondre le bronze. Ils dotèrent la ville de monuments administratifs, d'un forum, d'un théâtre ou d'une arène dont on suppose qu'elle avait sept portes, tandis que leur centre religieux fut probablement à Allonnes. Ils établirent deux aqueducs[2] ainsi que les thermes et tracèrent une dizaine de chaussées pour se relier aux cités environnantes.

La cité de Vindinum s'étendait sur une centaine d'hectares. Elle prospéra durant trois siècles, mais, vers 276, des esclaves se révoltèrent contre leurs maîtres, profanant même les tombes des anciens. Devant ce péril, les Cénomans cherchèrent à fuir. Abandonnant leurs domaines avec l'espoir d'un prompt retour, ils enfouirent en terre leurs trésors monétaires.

C'est à la fin du IIIe siècle que le pouvoir impérial dota la ville des Aulerques cénomans d'une puissante muraille[3] afin de la protéger. Un soin tout particulier fut apporté à l'élaboration du plan de la cité, puis à la construction des fortifications l'entourant. Elle formait un quadrilatère de 485 mètres de longueur sur 180 mètres en sa plus grande largeur, ayant 1 280 mètres de pourtour. Les murs étaient renforcés d'environ 40 tours hautes de 10 à 11 mètres, chacune percée de trois fenêtres. Huit poternes desservaient la cité. Une voie centrale, la Grande Rue, aboutissait aux principales portes, partageant en deux l'espace à l'intérieur de la muraille, tandis que des rues de pourtour étaient chargées de desservir les tours de l'intérieur.

Statuette d'un cénoman chasseur de la fin du IIIe siècle, un dieu gaulois sylvain, vêtu d'un vêtement à capuchon, le « bardocuculus ». La tête, coiffée d'un bonnet, laisse supposer la naissance de deux cornes. Il tient d'une main son arc, de l'autre une serpe. Sculpture trouvée dans une villa à Mont-Saint-Jean. Carré Plantagenêt, musée d'archéologie et d'histoire du Mans, cliché Musées du Mans.

2 / 3 / **Les + de l'histoire** p.222

Tour de Tucé et tour des Ardents, entre chaque tour une trentaine de mètres, soit une portée de flèches. Cette distance fut respectée sur tout le pourtour de l'enceinte, les soldats d'une tour pouvant ainsi protéger l'assaut des tours voisines. Cliché Dominique Breugnot.

La cité de Vindinum était exceptionnelle non pas par sa taille mais par son décor mosaïqué parant ses courtines et ses tours, comme si les constructeurs avaient voulu impressionner de l'extérieur quiconque approcherait de la ville avec des intentions belliqueuses.

Plus de trente-cinq motifs différents ont été recensés : losanges, dents de scie, parenthèses, fleurs, damiers, sabliers, triangles, etc., de pierres blanches et de pierres brunes, alternant entre les briques[4].

La tour du Vivier, romaine jusqu'à son sommet, offre encore à la vue la superposition de treize bandes, chacune possédant un motif particulier.

Ce travail de décoration permet de constater que l'édification de ces murs ne fut pas réalisée à la hâte. Il imposa aux bâtisseurs une stricte régularité dans l'horizontalité, les changements de motifs s'effectuant à la fin des courtines. Hormis des modifications anciennement apportées aux deux principales entrées, la fortification de Vindinum garda, particulièrement en son flanc nord-ouest, un aspect d'origine. Elle commença à être modifiée après la guerre de Cent Ans, ayant perdu son rôle défensif. Les services de gardes n'étant plus nécessaires, les vassaux du comte, défenseurs d'une partie des fortifications, construisirent leurs demeures sur le chemin de ronde dont ils étaient précédemment gardiens, y incorporant au besoin une tour.

Certaines tours eurent un sort particulier : celle dénommée Madeleine abrita une chapelle ; la tour d'Engoulfer devint, jusqu'en

4 / **Les +** *de l'histoire* p.222

Au-dessus de la muraille romaine des hôtels particuliers furent construits au XVIe siècle, leur cave ayant été creusée au dos du mur. Cliché Dominique Breugnot.

1601, le lieu de réunion de la municipalité ; en 1660 la tour faisant face au couvent des Cordeliers fut désignée pour tirer de son sommet le feu d'artifice devant fêter le mariage du roi Louis XIV ; en 1688, la tour Margot fut cédée par la ville à l'évêque pour y établir la prison de l'Officialité.

Si la ville du Mans a exceptionnellement conservé son enceinte romaine vieille de 1 700 ans, contrairement aux autres villes françaises ayant elles aussi possédé une enceinte du IVe siècle, ce fut plus par obligation que par esprit de conservation. En effet, ses puissants murs, épais de 4,20 mètres, placés au devant d'une colline, retiennent les terres, hautes en bordure de 8 mètres et au sommet d'environ 25 mètres.

La présence des fortifications devint donc indispensable. En revanche, les tours n'intéressaient plus la municipalité depuis le milieu du XVIIIe siècle. Sa politique fut de s'en défaire pour en éviter l'entretien.

L'archéologue Arcis de Caumont visitant notre ville médiévale en 1830 remarqua la conservation exceptionnelle d'une tour romaine dite « Huau ». Il la dessina et promit de la faire découvrir aux membres d'un congrès qu'il organisa quelques années plus tard. Oh stupeur, entre-temps la tour avait disparu ! M. Courapied, le propriétaire, l'avait détruite en 1836 dans l'indifférence générale, pour agrandir sa cour.

L'intérêt général porté à la muraille romaine, son dégagement et sa restauration ne se feront que bien des années après la guerre 1939-1945.

En France, d'autres enceintes ont eu sur leurs murs des décorations, plus modestes semble-t-il, mais il en reste peu de choses. Incontestablement, les murailles du Mans présentent toujours une décoration unique, qui mérite leur renommée.

L'enceinte, avec ses tours, enserre la cité de ses 1280 mètres. Cliché Dominique Breugnot.

◆ Période romaine

Pratiques de construction de la muraille romaine

Pour connaître les procédés de constructions des murs de l'enceinte de la fin du IIIe siècle et du IVe siècle, rien ne vaut l'observation.

La chaux

Précédant l'avancée du chantier, des fours destinés à cuire de la pierre calcaire ont été construits afin de produire de la chaux vive qui, mélangée à du sable et à de la brique pilée, constitua le mortier nécessaire à colmater les pierres.

Un de ces fours encore en forme, découvert en arrière du mur d'enceinte, nous renseigne sur la fabrication faite sur place de la chaux, résultat de la cuisson des pierres des monuments abandonnés des premiers siècles.

Transport des pierres

Les très grosses pierres placées en soubassement de la muraille proviennent initialement d'éléments de constructions du Ier siècle, parfois sculptés ou gravés sur leur face cachée.

Sur les faces de la tour des Pans de Gorron, on remarque les trous de boulins percés dans les rangées de briques. Cliché Dominique Breugnot.

Elles ont été souvent acheminées là, sur des rondins de bois, mais pour les soulever il était fait usage de louves à genouillères, instruments en fer se serrant sur les blocs en les hissant.

Des encoches pouvaient être creusées dans la pierre afin d'assurer une meilleure adhésion. Quatre de ces encoches sont visibles au bas du mur situé entre la tour du Vivier et la Grande Poterne.

Trous de boulin

Les ouvriers élevant les murs, épais de 4,20 à 5 mètres, devaient régulièrement rehausser leur échafaud de bois. Pour ce faire, la façon la plus simple de l'accrocher au mur, était de réserver des trous servant ensuite à retenir des boulins en avancée, bois sur lesquels était posé le plancher d'échafaudage.

En démontant l'échafaud, les trous de boulin auraient dû être rebouchés d'une pierre, mais beaucoup restèrent ouverts, à la satisfaction des pigeons[5].

Embarrement

Pour obstruer l'ouverture d'une poterne, on y installait une porte en bois. Afin de la fermer, on « l'embarrait » en son milieu d'un bois de la largeur de la porte, placé horizontalement, retenu à droite et à gauche dans des trous creusés dans les pierres d'encadrement. On peut en découvrir une reconstitution d'après l'original en mauvais état à la poterne du tunnel.

Ce procédé était encore en usage au XIXe siècle dans les fermes sarthoises.

5 / **Les + ** *de l'histoire* p.222

Au premier plan, la base de la tour Huau. Au fond, la tour Madeleine, jadis transformée en chapelle, est toujours habitée. Cliché Dominique Breugnot.

◆ Période romaine

Les portes de la cité

Les constructeurs des fortifications romaines, qui entourent la cité de Vindinum, ouvrirent dans ses murs une dizaine de portes, les unes pour les véhicules, d'autres simples poternes pour les piétons, dont quatre existent toujours.

La porte Nord à laquelle succéda la porte dite « du Château », de plain-pied, fut la plus fréquentée. Guillaume le Conquérant l'avait incorporée à son donjon ; Charles du Maine la doubla en édifiant au-devant une autre porte dite « de la Tour », puis « du château ». Elle était pourvue de deux ponts-levis, l'un large pour les charrois, l'autre étroit dénommé « guichet ». La circulation venait de la rue Saint-Ouen-des-Fossés et du faubourg Saint-Vincent, aboutissement de la route de Paris. La porte était épaulée de deux tours médiévales, « de la Forteresse » et « Ribandelle ».

L'escalier de la Grande Poterne a remplacé une pente primitive accessible à un véhicule par une ouverture de 2,60 mètres conduisant aux voies desservant les courtines. Dessin de Louis Moullin, 1854. Musées du Mans.

La porte du Château est représentée avant sa démolition en 1832, pour cause d'épidémie, pour faire circuler l'air dans la ville du Mans.Elle n'avait déjà plus son pont-levis et une de ses tours était en ruine. Dessin de M. Lepage d'après Th. Coudray. Médiathèque Louis-Aragon du Mans.

La porte Sud aboutissement de la voie principale de la cité, la Grande Rue, fut remplacée par la porte de la Cigogne, porte médiévale, désignée dans les textes anciens, de « porte de la Vieille Cité ». Son nom devint « porte Ferrée » en raison de la herse occasionnellement descendue.

Le comte du Maine, lors de son entrée solennelle au Mans en 1471, céda la porte aux habitants, afin d'y déposer les archives municipales. Lors de réparations entreprises en 1533, suivant les plans donnés par Simon Hayeneufve, la clé de voûte du passage fut sculptée de clés en alternance avec des chandeliers. Maître Simon surmonta l'étage d'une haute charpente en pavillon hérissée de deux

Porte de la Cigogne. Sa clé de voûte sculptée en 1533 est composée de trois clés et de trois chandeliers vides, éléments du blason de la ville du Mans, dont la disposition fut modifiée par la suite. Carré Plantagenêt, musée d'archéologie et d'histoire du Mans, cliché Musées du Mans.

girouettes. Au versant de la toiture regardant la Grande Rue, une horloge, ayant été placée, donnait les heures grâce à un marteau frappant une cloche. En 1571, à l'occasion d'une réfection de la toiture, un dénommé Mannier fit don d'un panneau d'airain figurant une cigogne à fixer sur la porte.

La présence constante de l'image de l'oiseau modifia le nom de la porte qui désormais prit celui de la « Cigogne ». La porte fut démolie en 1832. Sa cloche datée de 1533 sonne toujours les heures au clocher de l'église Saint-Benoît.

Sur le côté ouest de l'alignement du mur romain vers la rivière, existaient quatre entrées : la poterne de Saint-Pierre-l'Enterré, visible d'une cour voisine, la Grande Poterne, lieu de passage, au haut d'un escalier, la poterne dite « du Tunnel », placée bas dans le mur (encore visible) et une ancienne porte dite de Gorron (détruite).

La porte de la Cigogne, de grande taille en rapport avec l'étroitesse de la rue, projetait son ombre sur le quartier environnant. Aquarelle de Charles Dugasseau faite en 1855 après la démolition de la porte. Musées du Mans.

Sur le côté est, il devait y avoir une porte dite « de Saint-Bertrand » sous une des chapelles rayonnantes de la cathédrale – une poterne touchant l'ancien palais (vestiges). La poterne Saint-Martin, conservée en sous-sol, resta en usage jusqu'au XIIIe siècle, époque à laquelle elle fut remplacée par la vis Saint-Pierre, dont le passage traverse la muraille en sous-sol de la tour du Gros Pilier.

Poterne de Saint-Pierre-l'Enterré, IIIe et IVe siècles, rue porte Sainte-Anne. Cette poterne conserve ses degrés anciens à gauche, côtoyant une pente à droite destinée à l'écoulement des eaux. Cliché Dominique Breugnot.

La Grande Poterne est un passage toujours très fréquenté. L'arc romain en brique a été renforcé au XIVe siècle par un arc brisé en pierre. A droite, la maison particulière fut élevée au XVe siècle au-dessus de la courtine. Cliché Dominique Breugnot.

◆ Période romaine

Une meilleure connaissance de Vindinum aux premiers siècles, par les fouilles

Des fouilles de 7 à 8 mètres de profondeur sur une étendue limitée à 8 250 m² ont été entreprises de 2010 à juillet 2011 sur le site des Jacobins à l'occasion de l'édification du nouveau complexe culturel.

Cette opération menée à bien par l'Institut national de recherches archéologiques préventives, dirigée par Pierre Chevet, a apporté des résultats positifs tant sur la mise en évidence d'une occupation gauloise jusqu'alors inédite que sur la connaissance de la ville romaine, depuis les années 80-50 avant notre ère jusqu'au IIIe siècle. Les travaux entrepris à la fin du XVIIIe siècle pour créer la promenade des Jacobins, avaient respecté les vestiges antiques enfouis plus profondément. Les nouvelles fouilles des Quinconces ont permis de renouveler les connaissances de la ville, notamment en reculant de 50 ans son origine.

Pour la période gauloise, sept fours ont été dégagés, dont un four de potier contenant une vingtaine de vases complets. Installé le long de l'ancien ruisseau d'Isaac, ces ateliers voisinent avec une zone où furent pratiquées des offrandes monétaires, indiquant la présence d'un lieu de culte dès le milieu du Ier siècle avant notre ère.

La période gallo-romaine se caractérise par la création, vers 40 ou 50 après J.-C., de trois rues dont l'une, traversant le site du nord au sud, reliait l'amphithéâtre à un probable autre monument situé sous la cathédrale. Le long de cet axe, des ateliers d'artisans furent découverts, notamment celui exceptionnel d'un bronzier, auteur de statues anthropomorphes en bronze à échelle 1 ou encore d'un tourneur sur os, et on a pu établir qu'une auberge existait jusqu'à la fin du IIe siècle, en bordure de cette voie. Probablement accueillait-elle les citoyens qui assistaient aux spectacles donnés dans les arènes toutes proches.

Four de potier des Jacobins contenant une partie de sa production (-50 av. J.-C.) © Pierre Chevet, Inrap.

Ces activités artisanales et commerciales étaient proches du ruisseau d'Isaac, dont l'eau

Fibule zoomorphe
(lapin émaillé.
Ier siècle ap. J.-C.)
© Pierre Chevet, Inrap.

fut en partie retenue afin de créer, vers 50 de notre ère, un étang sacré, entouré par des murs constituant un quadrilatère et délimitant un espace sacré, dans lequel s'élevait un petit bâtiment religieux. Cette composition est liée à un grand sanctuaire vraisemblablement consacré à une divinité des eaux et qui se déployait en direction du parc de Tessé. Il perpétue, avec son habillage architectural typiquement roman, le rite cultuel plus ancien, qui se pratiquait quant à lui dans un espace naturel. Pour obtenir les bonnes grâces de cette divinité, plus de cinq cents monnaies gauloises et romaines ont été jetées à l'eau, ainsi qu'une bague et une chaînette en or, des fibules en bronze, l'une ayant le profil d'un lapin, un ex-voto en bronze représentant un œil pour obtenir ou remercier d'une guérison et même 6 ou 8 bandes de plomb portant une inscription gravée, très rares, liées à des rites magiques ou de sorcellerie, appelées tablettes de défixion.

Dès la fin du IIe siècle, l'occupation de cette partie active de l'antique Vindinum, située en contrebas sud de la colline, fut régulièrement submergée par les eaux du ruisseau, puis abandonnée, sans que l'on sache encore si cet abandon est dû aux inondations elles-mêmes ou si ces dernières résultent du manque d'entretien du site suite à sa désertion.

A la fin du IIIe siècle, et comme la plupart des chefs-lieux de cité de l'ouest de la Gaule, la ville se dote d'une puissante fortification qui réduit sa superficie et rejette le site des Jacobins *extra muros*. Dès lors, l'ensemble de la zone fouillée accueille une nécropole diffuse, qui perdurera jusqu'à la fin du IVe siècle de notre ère.

◆ IVe siècle

Les Cénomans deviennent chrétiens

Suivant la tradition, c'est au IVe siècle que l'apôtre Julien venant de Tours, envoyé par saint Martin, évangélisa de sa foi le pays des Cénomans. Sur les marchés à la rencontre de la ville, il prêchait l'enseignement du Christ. On raconte qu'à son arrivée à Vindinum, la population manquait d'eau potable, car la source de la fontaine de Nomios (place de l'Eperon) était tarie. Il la fit rejaillir à la satisfaction générale, convertit le défensor de la ville, le baptisa, puis fonda une première église sur la rive droite de la Sarthe, près de laquelle il fut enterré.

Buste reliquaire de saint Julien, création au XIXe siècle d'un serrurier manceau. Cliché Dominique Breugnot.

Saint Julien se présente à la porte du Mans suivi des saints Thuribe et Pavace. Vitrail du XIIe siècle réemployé au XIXe siècle pour composer la grande verrière ouest de la cathédrale du Mans. Cliché Dominique Breugnot.

◆ VIe siècle

Quand l'évêque saint Bertrand rencontre l'archange saint Michel

En l'an 586, Bertrand, fils d'une noble famille franque, succéda sur le trône épiscopal du Mans à Badegisile, de triste mémoire, qui en six années, avait considérablement amoindri les ressources du diocèse.

Le nouveau prélat, estimé de tous, avait établi sa résidence près de la cathédrale. De sa maison construite sur la muraille romaine, il se rendait chaque soir dans une tour attenante pour méditer et prier le Seigneur. Un matin, l'archange saint Michel lui serait, dit on, apparu lui ordonnant d'établir, dans les ruines d'un ancien domaine, un monastère pour abriter les pèlerins de passage : ce sera l'abbaye Saint-Pierre-et-Saint-Paul-de-la-Couture.

En témoignage de cette apparition, Bertrand établit un oratoire dans sa tour, qui prit le nom de tour Saint-Michel. L'oratoire fut souvent visité jusqu'au IXe siècle, époque à laquelle l'invasion des Vikings le ruina.

L'archange saint Michel apparaît à saint Bertrand en prière dans la tour. Vitrail du XIXe siècle, église de Notre-Dame-de-la-Couture. Cliché Dominique Breugnot.

◆ Du XIe au XVIIIe siècle

La confrérie Saint-Michel-du-Cloître

Au XIe siècle, une confrérie de clercs et de prêtres se constitua avec pour but d'assister les pauvres, d'administrer les sacrements aux malades et d'aider le chapitre de la cathédrale à la célébration des offices.

Le comte Hélie de La Flèche offrit à cette nouvelle confrérie les fossés depuis le mont Barbet jusqu'à Saint-Ouen, don qui fut confirmé par Geoffroy Plantagenêt, son petit-fils.

Au XIIe siècle, l'évêque Hugues de Saint-Calais, chargea les clercs de responsabilités à l'autel, particulièrement le jour de l'octave de la Saint-Julien, leurs accordant en échange les offrandes faites ce jour par les fidèles, puis leurs assigna dans la cathédrale l'autel

La tour romaine dans laquelle l'archange saint Michel apparut à saint Bertrand fut par la suite transformée en église paroissiale dont la nef s'étendait vers la place Saint-Michel. Puis, elle devint en 1404 la chapelle de la confrérie Saint-Michel-du-Cloître. Sa base est contiguë à l'escalier du Jet-d'eau. Gravure d'optique de Hocquart du XVIIIe siècle. Coll. Etienne Bouton, cliché Dominique Breugnot.

Saint-Pierre, pour y chanter les messes. Les confrères intégrés dans la cathédrale en formèrent le bas-chœur.

Le nombre des membres de cette confrérie étant en augmentation, près de cent vingt, l'évêque Jean de Craon fut obligé de transférer la confrérie, le 4 avril 1404, dans une petite église élevée sur l'oratoire de Saint-Bertrand, le chœur étant sur la tour Saint-Michel. Les clercs et les prêtres adoptèrent donc, pour la confrérie, le nom de « Saint-Michel-du-Cloître ». Une quarantaine seulement de confrères vivaient au Mans et dans sa quinte, les autres étaient répartis dans le diocèse où ils tenaient les fonctions de curés, de vicaires, d'enseignants ou d'aumôniers de couvents de femmes. En reconnaissance de leurs dévouements, les fidèles faisaient des dons ; quelques-uns des prêtres étaient titulaires de chapelles.

Au XVIIIe siècle, cette confrérie Saint-Michel-du-Cloître dut lutter contre les chanoines de la cathédrale et contre l'évêque Mgr de Grimaldi, lesquels désiraient sa suppression afin d'en récolter les ressources. Des nombreux procès que la confrérie eut à soutenir, elle en sortit toujours gagnante. Mais la Révolution ne l'épargna pas et ses biens furent vendus. Quelques-uns de ses prêtres adhérèrent à la Constitution civile du clergé, d'autres l'ayant refusée furent enfermés et déportés en Espagne.

◆ VIIe siècle

Sainte Scholastique, une sainte italienne vénérée au Mans

Jadis dans la collégiale Saint-Pierre

La collégiale Saint-Pierre-de-la-Cour abrita jusqu'à la Révolution les cérémonies d'un collège de chanoines initialement au service du comte du Maine. Ces prêtres furent en outre les gardiens de la châsse contenant les reliques du corps de sainte Scholastique, patronne de la ville du Mans, qui de son vivant, au VIe siècle, fut une religieuse italienne. Pour quelle raison vénérait-on ici une sainte étrangère ?

L'histoire remonte au milieu du VIIe siècle : l'évêque du Mans Béraire eut une nuit une vision lui montrant l'état pitoyable dans lequel se trouvait le corps de saint Benoît, fondateur du principal ordre monastique, gisant sans respect dans son abbaye abandonnée du Mont Cassin. Il dépêcha quelques moines manceaux en Italie pour rapporter au Mans ses ossements. Chemin faisant, les religieux manceaux demandèrent l'hospitalité au monastère de Fleury-sur-Loir. Imprudemment ils se confièrent, du but de leur voyage en Italie, à Mommole abbé du lieu, qui leur déclara avoir eut la même vision que Béraire. Il persuada les pèlerins de se faire accompagner de quelques moines de Fleury, disposés comme eux à conserver le souvenir de saint Benoît.

Sainte Scholastique, patronne de la ville du Mans. Sculpture d'Ernest Hiron réalisée en 1949, imstallée sur l'église de la Visitation place de la République. Cliché Dominique Breugnot.

Après avoir visité Rome, les moines portèrent leurs pas au Mont Cassin. Là au milieu des ruines, ils cherchèrent avec difficulté le corps du patriarche. Ils seraient revenus les mains vides, si une colonne de feu, dit-on, n'était venue à leur secours en désignant l'endroit où ils devaient creuser. Après de grands efforts, ils découvrirent deux corps enterrés côte à côte : Benoît et Scholastique sa sœur jumelle. Les moines s'emparèrent de leurs ossements et s'en revinrent en France. Le retour des moines à Fleury fut une fête. L'abbé Mommole accueillit les pèlerins avec joie, cependant son intention était de garder l'ensemble des ossements alors confondus. Les Manceaux réclamèrent leur part de ces précieuses reliques. Mommole concéda de leur abandonner le squelette de sainte Scholastique à condition de le distinguer de celui de son frère. Les ossements vidés du sac, on s'efforça de reconstituer les corps en séparant les os les plus faibles des os les plus forts. Un matin, les habitants de Fleury portaient en terre un jeune garçon et une petite fille. Quelqu'un proposa de poser les corps de ces enfants sur les ossements. La petite fille retrouva la vie sur les os les plus menus, tandis que le garçon ressuscita sur le corps supposé de saint Benoît.

La preuve étant faite, les moines apportèrent au Mans, à l'évêque Béraire, les ossements de Scholastique.

Au Mans, le ossements de Scholastique furent déposés dans la chapelle Saint-Pierre, bâtie hors des fortifications non loin de la rivière où un important monastère féminin se constitua ; mais il fut ruiné par les Vikings au IXe siècle.

Au siècle suivant, le comte Hugues déposa les reliques de la sainte dans une nouvelle chapelle Saint-Pierre construite près de son palais comtal.

Les Manceaux invoquent depuis sainte Scolastique pour recevoir l'eau du ciel, tant pour arroser les plantations que pour les aider à éteindre les incendies. En effet, en Italie, Benoît venu voir sa sœur jumelle Scolastique, sur sa fin de vie, dans le couvent qu'elle dirigeait, fut par elle supplié de demeurer un peu plus longtemps. Benoît, s'y refusant, fut cependant contraint de prolonger sa visite, à cause de la tombée subite d'une forte pluie.

Le monastère de Fleury devint Saint-Benoît-sur-Loire.

◆ VIIIe siècle

Charlemagne séjourna au Mans

Le souvenir de l'empereur Charlemagne, roi des Francs, reste attaché à la ville du Mans par deux courts séjours, qu'il y fit, en l'an 776 et en l'an 800.
A son premier passage, l'évêque Mérole administrait avec prudence le diocèse qu'il avait grand mal à relever du mauvais gouvernement du précédent prélat, Gauziolène, ce dernier ayant appauvri le diocèse en distribuant les biens du clergé à ses partisans.
Aussi, Charlemagne et ses intendants dressèrent-ils la liste des biens dispersés, pour

demander à leurs possesseurs de les rendre immédiatement ou au moins de les restituer à leur décès.

En 790, Charlemagne confia le gouvernement s'étendant entre la Loire et la Seine à son fils Charles, lui donnant le Maine en apanage.

Le second voyage de Charlemagne eut lieu en l'an 800. Revenant avec la reine Luitgarde, d'une visite des côtes de la Manche menacées par des pirates du Nord, il rencontra Francon évêque du Mans. Charlemagne fut désolé de constater que Francon, qui pourtant travaillait depuis six ans à rétablir l'ordre dans son diocèse, avait son église cathédrale presque en ruines, ses écoles et ses hospices déserts, son clergé et l'évêque lui-même, dans un état voisin de l'indigence. L'évêque confia à Charlemagne que son prédécesseur Joseph, évêque indigne ne supportant pas les critiques faites par les prêtres et les clercs sur sa conduite, s'était vengé sur eux en les flagellant, leur crevant même les yeux.

Buste de l'empereur Charlemagne vu de profil réalisé en camée. © Gallica.bnf.fr/Bibliothèque nationale de France.

◆ L'an 820

Le jour où la Sarthe cessa de couler au Mans

Ce fut le 8 février de l'an 820, en la septième année du règne de Louis le Débonnaire, fils de Charlemagne, que Théodulphe, évêque d'Orléans alors exilé à Angers, nota : « *Au matin à l'heure où les premières lueurs de l'aurore commencent à dissiper les ténèbres de la nuit, les habitants du Mans s'aperçurent avec stupeur que la rivière s'était presque entièrement vidée, alors que la veille les eaux très hautes, comme toujours en cette saison, couvraient encore les marécages séparant la cité du monastère Saint-Julien-du-Pré.* » Ce phénomène empêcha de prendre le bateau, comme à l'ordinaire. Il fallut traverser à pied le lit de la rivière, pour porter le corps d'un habitant au cimetière, sur l'autre rivage. On pouvait prendre à la main les poissons dans la vase. Ce prodige dura quatre à cinq heures, puis la rivière reprit son cours habituel. On compara ce subit événement à celui évoqué dans la Bible du partage des eaux de la mer Rouge ayant permis au peuple juif de quitter l'Egypte sous la conduite de Moïse. Mais pourquoi au Mans ? On redouta une future catastrophe qui sembla se réaliser des années plus tard, quand des Bretons et des Vikings vinrent attaquer la contrée.

Le Mans ne fut pas l'unique lieu de la disparition de l'eau ; même constatation fut faite le lendemain dans l'Huisne et dans l'Indre.

Trois siècles et demi plus tard en février 1168, cette miraculeuse disparition de l'eau se renouvela dans la rivière Sarthe, au pied du château de Fresnay-le-Vicomte. « *On traversa à pied sec la rivière, là où auparavant les chevaux avaient grand peine à nager* », ce spectacle dura une heure et demie.

Le second événement fut relaté par Robert de Torigni, abbé du Mont-Saint-Michel. Au XVIIIe siècle, Louis Coulon dans son ouvrage, *Les Rivières de France*, rapportant à nouveau les faits, ne croit pas y voir un miracle, mais ne peut en fournir la raison. La probable explication pourrait être donnée par Robert de Torigni lui-même, qui écrit « *que la terre trembla le 14 des calendes de mars* », ce qui correspond au 16 février 1168. La date coïncide avec le phénomène observé à Fresnay, qui aurait provoqué l'absorption de l'eau dans des cavernes souterraines. Cependant, les sous-sols du Mans et de Fresnay sont fort différents : au Mans ce sont des sables et du grès, à Fresnay c'est une roche de calcaire silurien. Le mystère demeure…

◆ IXe siècle

Un pacte d'amitié de près de 1 200 ans : Le Mans - Paderborn

A la fin du VIIIe siècle, Charlemagne avait fondé en Westphalie (Basse-Saxe), le diocèse de Paderborn, dont l'évêque était, en 836, Badurad, Saxon. A la même époque, Aldric, également saxon, était évêque du Mans depuis 832. Les deux évêques

Saint Liboire est représenté avec des pierres sur un livre, car il était réputé guérir de la maladie de la pierre ou de la gravelle. Retable du XVIIIe, sculpture en bois polychrome, cathédrale Sainte-Marie-Saint-Liboire-et-Saint-Kilian, Paderborn, Allemagne. © Interfoto/ LA COLLECTION.

nommés par l'empereur Louis Ier le Pieux, participèrent au synode d'Aix-la-Chapelle, où ils eurent l'occasion de se rencontrer et de se lier d'amitié.

L'évêque de Paderborn fit remarquer à son collègue manceau la pauvreté de son diocèse en reliques, hormis celles de saint Etienne données en 799 par le pape Léon III. Aldric, touché, promit à Badurad, dans un acte de générosité, d'offrir à sa communauté un corps saint, celui d'un des évêques du diocèse du Mans, le bienheureux Liboire, successeur de saint Julien à la fin du IVe siècle.

Liboire, contemporain et ami de saint Martin, administrait le diocèse du Mans où il serait décédé en 397. Son corps reposait au Mans dans la basilique des Douze-Apôtres.

Au 1er mai 836, année durant laquelle les Manceaux se séparèrent avec tristesse du corps d'un de leurs évêques, un pacte amical de fraternité perpétuel fut conclu entre les deux diocèses.

Cette fraternité établie entre citadins de deux nations, ne s'étant pas démentie depuis près de 1 200 ans, fut concrétisée par un jumelage Le Mans-Paderborn le 3 juin 1967.

◆ L'an 863

Charles le Chauve de passage au Mans

Charles le Chauve, roi des Francs, venu au Mans en 863, pour découvrir la ville, ordonna en 869 de remettre en état les fortifications endommagées par les Bretons et les Vikings. Devenu empereur, il revint au Mans en 873 s'assurer de la sécurité de la ville, puis se dirigea sur Angers pour combattre les Vikings. La reine Richile, qui accompagnait l'empereur, demeura au Mans, ayant en tête de s'approprier par ruse les reliques de sainte Scholastique pour son abbaye de Juvigny-les-Dames.

Portrait de Charles le Chauve, gravure sur bois du XVIe siècle. Coll. Etienne Bouton, cliché Dominique Breugnot.

◆ XIe et XIIe siècles

Fondateurs de la dynastie des Plantagenêts : Hélie de La Flèche, Foulque V, Geoffroy Plantagenêt et Henri II

La dynastie des Plantagenêts, rivale au XIIe siècle du royaume de France, vit le jour de l'union de deux comtés voisins : l'Anjou et le Maine.

Durant la seconde moitié du XIe siècle, le comte du Maine Herbert II n'ayant pour descendance qu'une fille, Marguerite, promit celle-ci en mariage à Robert, fils de Guillaume le Conquérant. Robert n'épousa pas la fille d'Herbert, car celle-ci décéda avant le mariage.

A la mort du comte du Maine, en 1062, Guillaume s'empara du comté comme lui revenant de droit, alors que trois autres prétendants, descendants d'anciens comtes, pouvaient succéder à Herbert : Gaultier de Nantes, la comtesse Gersent et Hélie de La Flèche.

Gaultier renonça à se mettre en lice. La comtesse Gersent fit une brève tentative sans succès, le troisième, Hélie, doublement issu de la lignée comtale par son père et par sa mère, fut écarté par Guillaume. Aussi dut-il combattre sans relâche trente-huit ans contre Guillaume le Conquérant, Robert de Talvas, puis Guillaume le Roux pour faire enfin reconnaître ses droits au comté du Maine.

Les Manceaux se révoltèrent trois fois contre l'occupation abusive de Guillaume, chacune d'elles fut suivie de terribles représailles. Ce qui fit dire à Guillaume le Conquérant : « *La ville du Mans, très ancienne, est enragée comme une chienne, son peuple toujours prêt à la révolte contre ses maîtres, est insolent et sanguinaire.* »

Hélie de La Flèche, représenté en tenue de combat d'après son tombeau dans l'église abbatiale de la Couture, est vêtu d'une cotte de mailles l'enveloppant entièrement. Si elle protège le corps, elle était par contre très lourde. Un cavalier tombé à terre ne pouvait se relever seul. Lithographie de Monnoyer, 1830. Médiathèque Louis-Aragon du Mans.

Hélie de La Flèche prit le comté du Maine en 1092 et, après l'avoir abandonné au roi d'Angleterre comme rançon en 1099, il le récupéra en l'an 1100 au décès de Guillaume le Roux.

Hélie de La Flèche et son épouse Mathilde de Château-du-Loir avaient une fille Eremburge qu'ils promirent à Foulque V, comte d'Anjou[6].

François Villon évoqua la mémoire de Eremburge, trois siècles plus tard, dans le célèbre refrain de *La Ballade des dames des temps jadis* : « *Eremburge qui tint le Maine* [...] *mais où sont les neiges d'antan ?* »

Hélie de La Flèche décéda le 11 juillet 1110. Foulque V le Jeune, comte d'Anjou devenu

6 / **Les +** *de l'histoire* p.222

comte du Maine, eut avec Eremburge un fils né en 1113, appelé plus tard Geoffroy Plantagenêt.

Le père et le fils assistèrent en avril 1120 à la consécration de la cathédrale ; quelques jours plus tard, Foulque entra dans l'église tenant Geoffroy dans ses bras, le plaça sur l'autel[7] et dit à haute voix : « *A toi Julien je te recommande mon fils et ma terre, sois-en le défenseur et le protecteur.* » Puis, laissant l'enfant sur l'autel, il s'éloigna versant d'abondantes larmes, car Foulque avait en tête de partir en Terre sainte et savait que l'on n'en revenait pas toujours.

La même année, Foulque se rendit à Jérusalem où il rencontra le roi Beaudoin, lequel apprécia les qualités du comte.

Foulque, de retour de croisade, fonda en 1121 l'Abbaye cistercienne de Loroux. A quelques temps de là, il eut la douleur de perdre sa tendre épouse Eremburge.

En 1128, Geoffroy ayant atteint ses 15 ans, son père voulut le marier à Mathilde[8], fille du roi d'Angleterre Henri Ier Beauclair.

On célébra le mariage de Geoffroy et de Mathilde au Mans avec magnificence le 22 mai 1128 ; les bans furent publiés à sons de trompes. Foulque demanda la présence, le jour des noces, de tous les vassaux et des princes, sous peine d'être estimés comme ennemis. L'évêque du Mans, Guy d'Etampes, donna la bénédiction, en présence de Henri Ier, de tous les seigneurs, des barons et de leurs sujets. Les réjouissances durèrent trois semaines, la table fut ouverte à tout venant, les danses et les festins se firent dans la Grant'salle du palais, dans la toiture de laquelle on dut ouvrir un soupirail pour mieux chasser la fumée des flambeaux.

7 / 8 / **Les + *de l'histoire* p.222**

Geoffroy Plantagenêt, petit-fils d'Hélie de la Flèche, dessiné par Pelletier d'après l'émail de son tombeau. Le costume qu'il porte est une association du costume de cour avec le bouclier et l'épée de combat. Lithographie de Monnoyer, 1830. Médiathèque Louis-Aragon du Mans.

Trois semaines après, un chanoine nommé Guillaume, revenant de Terre sainte, apporta à Foulque un message de Beaudoin roi de Jérusalem qui, se sentant vieux et ayant appris le veuvage du comte, lui proposa en mariage sa fille Mélissende, sa couronne et son sceptre. La nouvelle surprit et flatta Foulque, qui accepta la proposition, laissant à Geoffroy le gouvernement de ses comtés du Maine et de l'Anjou. Il s'embarqua pour Jérusalem dont il en devint plus tard roi.

A Geoffroy, le surnom de Plantagenêt fut adjoint, du fait de son habitude, de retour d'expédition, d'accrocher à son casque un brun de genêt pris en passant dans la lande.

Henri, fils de Geoffroy Plantagenêt et de Mathilde, naquit au Mans le 5 mars 1133. Son grand-père, Henri Ier Beauclair, roi d'Angleterre, le désigna pour lui succéder, mais lorsqu'il décéda en 1135, le jeune Henri n'avait que deux ans. Aussi, le royaume fut accaparé par un neveu, Etienne de Blois, fils d'Adèle. C'est en 1154 qu'Henri II devint roi. Henri II resta très attaché à sa ville natale.

Plantagenêts

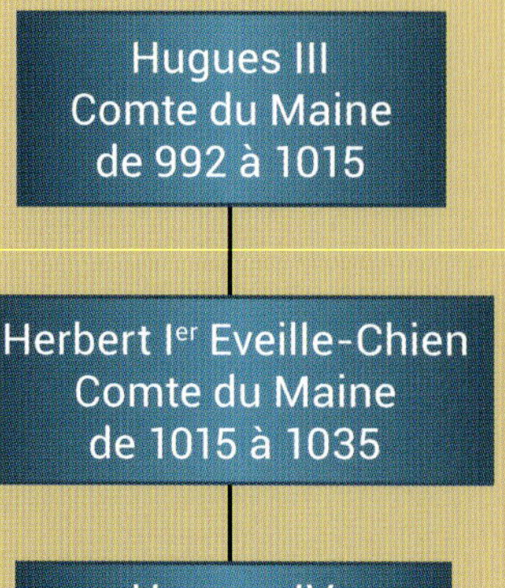

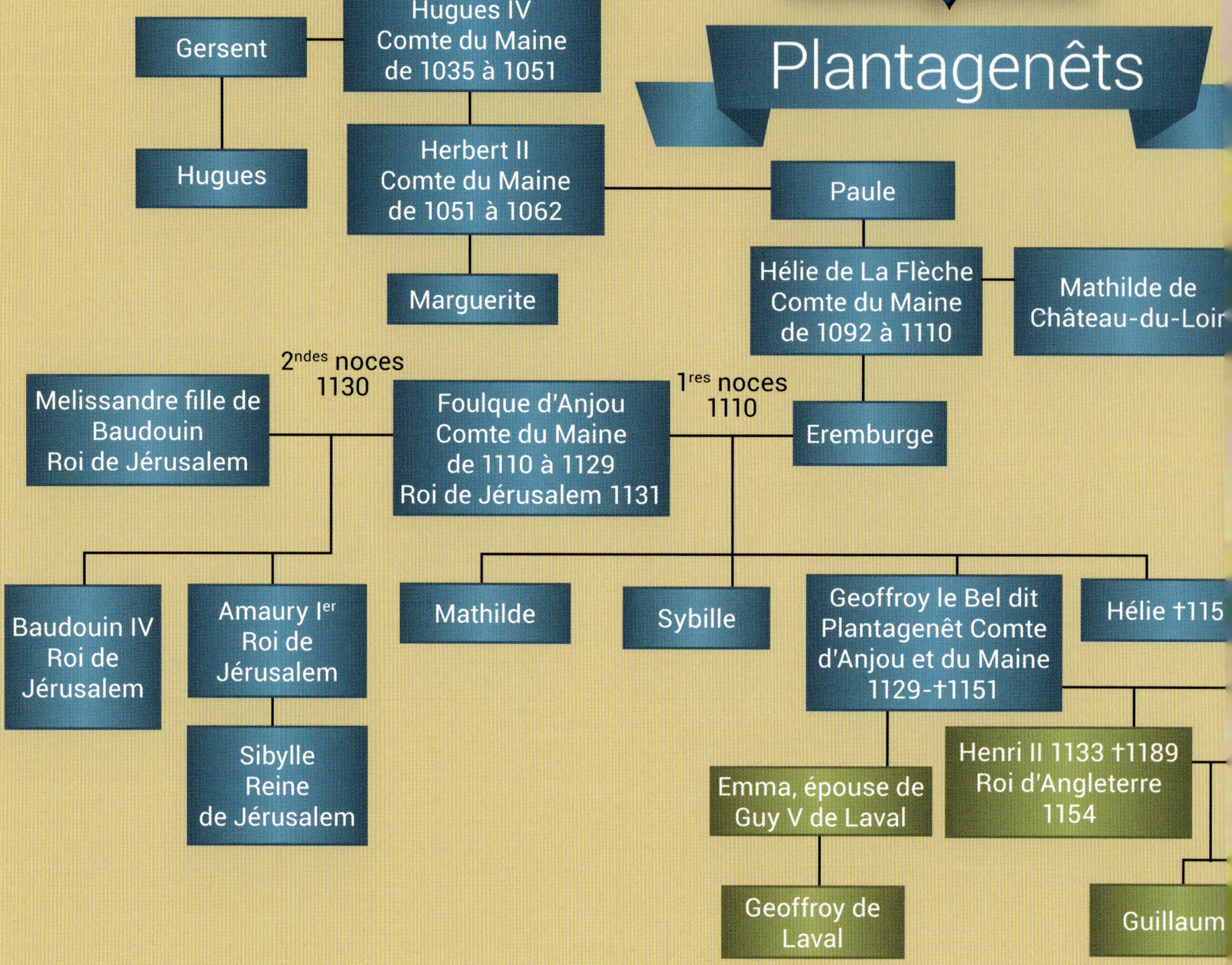

Généalogie des Plantagenêts

Angleterre

- Guillaume le Conquerant 1128 Roi d'Angleterre 1166 †1087
  - Robert Courteheuse Duc de Normandie †1134
    - Guillaume Cliton †1128
  - Guillaume le Roux 1056 Roi d'Angleterre 1087 †1100
  - Henri Ier Beauclerc Roi d'Angleterre 1100 †1135
    - Mathilde l'Emperesse †1167
      - liénor d'Aquitaine 1122 †1204
        - Henri urtmantel
        - Mathilde
        - Richard Cœur de Lion 1157 †1199 Roi d'Angleterre en 1189. Epousa Bérengère de Navarre
        - Geoffroy 1158 †1186
          - Arthur de Bretagne Comte du Maine 1199 †1203
        - Aliénor 1161
        - Jeanne 1165 †1199
        - Jean sans Terre 1167 †1216 Roi d'Angleterre en 1199
      - Geoffroy
      - Guillaume
    - Guillaume Adelin † en mer en 1120
    - Frère cadet †en mer en 1120
  - Adèle — Etienne de Blois
    - Etienne de Blois 1105 Roi d'Angleterre 1135 †1154
      - Eustache

Les portes médiévales et modernes

Depuis l'époque antique, toutes les portes romaines ne répondant plus aux besoins des Manceaux dans la cité étendue, quelques-unes furent conservées, certaines abandonnées, de nouvelles furent percées.

Entre la collégiale Saint-Pierre et le palais, la porte des Ponts-neufs, fut ouverte par nécessité, à la fin du XIVe siècle, pour remplacer la vis Saint-Pierre. Les quatre arches du pont d'accès enjambaient le ruisseau d'Isaac. La porte munie d'un petit pont-levis ne laissait passage qu'aux piétons et aux cavaliers.

L'enceinte dite « de la Tannerie » (en partie visible dans les jardins du bord de l'eau), qui enserrait environ quatre hectares et demi, fut édifiée vers 1360, en bordure de la rivière pour réduire son lit tout en assainissant l'espace en contrebas de la muraille romaine, pour le rendre habitable.

Un épais mur surmonté de consoles, de hourdage et de mâchicoulis d'une longueur de 500 mètres, distant des fortifications antiques d'environ 65 mères, fut renforcé de cinq tours dont l'une prit le nom de tour Toussaint.

Porte des Ponts-neufs et tour du Gros-Pilier - plan en relief d'Etienne Bouton de 2000. Cliché Dominique Breugnot.

D'une couronne de verdure sculptée sur la clé de voûte de la Vieille Porte sort l'aigle de Saint-Jean la tête auréolée, tenant dans son bec le phylactère sur lequel l'apôtre écrivit ses prophéties de l'Apocalypse. Carré Plantagenêt, musée d'archéologie et d'histoire du Mans, cliché Musées du Mans.

Dès le IXe siècle, un pont en bois dénommé « Sainte-Marie » assurait la liaison entre les deux rives de la Sarthe pour desservir le cimetière du Pré.

Au XIe siècle, le pont Ysoard, construit par une confrérie de Pontonniers en remplacement du pont Sainte-Marie, fut aussitôt mis à péage pour indemniser ses constructeurs.

Une porte dite du « Pont-Ysoard » fut construite au XIVe siècle avec pont-levis. Depuis le rétrécissement du lit de la rivière, la force du courant de l'eau ainsi que les méfaits de la guerre de Cent Ans rompirent plusieurs fois la continuité du pont. En 1621, le pont-levis fut remplacé par une arche en pierre et, en 1809, les deux arches touchant la rive droite, furent reconstruites. L'ouverture à la circulation du tunnel en 1877 nécessita le total remplacement de ce pont étroit par un pont en fer et l'adjonction du pont en X.

Le portail Sainte-Anne placé non loin de la muraille romaine, au pied de la poterne de Saint-Pierre-l'Enterré, permettait le passage vers le pont Ysoard. Le portail devenu inutile fut démoli en 1691.

La construction de l'enceinte de Saint-Benoît succéda à l'enceinte de la Tannerie. Elle protège le quartier de l'église par un mur longeant le bord de la rivière, remontant vers la place de l'Eperon au haut de laquelle il bifurque pour revenir s'accrocher à l'enceinte romaine, à proximité de la tour dite « du Bourreau ». Ce mur est ponctué de tours aux noms populaires : Corbin, Battue, Pas-d'Âne, Verte et de l'Abreuvoir. Dans cette dernière, quarante soldats et dix officiers, faits prisonniers à Lens par Louis XIV, furent enfermés dès leur arrivée au Mans, le 5 septembre 1648. Dans les murs s'ouvraient deux portes : la Vieille Porte et la porte du Pont-Perrin.

La Vieille Porte, située place de l'Eperon, était le passage obligatoire à toutes les personnes hors de la cité, désirant traverser la Sarthe pour se rendre sur la rive droite et au-delà, du Bas-Maine. L'entrée avait une herse et un pont-levis enjambant un fossé alimenté par le ruisseau d'Isaac. Cette porte était accostée de deux tours que la ville fit chapoter de pavillons en 1531, pour les louer. Le gardien qui y logeait en 1598 était tenu d'ouvrir chaque jour les portes aux heures accoutumées et abaisser le pont-levis. Les passants

ayant pénétré dans la ville close pouvaient maintenant vaquer dans les rues de la Rose, des Poules, des Trois-sonnettes, de Saint-Denis et Dorée, à la rencontre des nombreux artisans aux métiers très spécifiques, tels que potiers d'étain, tourneurs en os, ferronniers, fabricants de peignes, etc.

En 1677, à la demande de l'abbé Ragot, curé du Crucifix, la ville accorda la partie d'une des tours de la porte, pour y enfermer les femmes « mal-vivantes ».

La porte du Pont-Perrin (précédant un pont au sud de la cité) avait un pont-levis flanqué de tours. En 1475, il fallut remplacer la demeure du portier, qui n'était qu'une petite loge placée sur des pieux plantés aux abords de la rivière.

La partie de l'enceinte de la tannerie longeant la rivière fut très vite accaparée par les métiers du cuir : tanneurs, mégissiers, corroyeurs, mais ne respectant plus le mur de protection de l'enceinte du XIVe siècle dont on aperçoit un vestige. Les peaux macéraient dans de nombreuses cuves et étaient ensuite suspendues dans les séchoirs. Photographie de Guittet, vers 1875. Coll. Etienne Bouton, cliché Dominique Breugnot.

Au XVIe siècle, la ville entreposa dans les tours de la porte des pièces d'artillerie. Gervais Manigard, gardien des fauconneaux et des couleuvrines, y logeait en 1574 avec la charge d'allumer les pots à feu le jour de la Fête-Dieu. La construction du pont Perrin remplaça vraisemblablement un pont romain.

Ce fut par la rue et par le pont Perrin, que, le 13 décembre 1793, 43 000 Vendéens se sauvèrent précipitamment de la ville qu'ils avaient investie trois jours plus tôt.

En 1693, deux nouvelles portes de ville furent tardivement ouvertes : la porte Saint-Flaceau dominant le bout des fossés Saint-Pierre au haut d'un escalier descendant vers les boucheries, récemment construites, et la porte des Boucheries percée dans l'enceinte Saint-Benoît au bout de la rue des Poules. Cette dernière porte fut démolie en 1754.

L'ouverture de l'ultime porte de ville, en 1745, dite porte Samson, du nom du maire Samson de Lorchère, fut une nécessité. Percée dans le mur de la tannerie près de l'église de Gourdaine, elle donna aux habitants de ce quartier la possibilité d'avoir l'eau potable de la fontaine Abel, réputée fournir la meilleure eau du Mans, aux chevaux d'avoir accès à l'abreuvoir et aux hommes du feu de se procurer l'eau pour éteindre les incendies. Elle facilita en outre l'accès aux moulins d'Enfer et de Saint-Gervais ainsi qu'au chemin de Coulaines.

Partie ouest de l'enceinte de Saint-Benoît bordant la rivière. A gauche, la passerelle des moulins donnant accès à six moulins : de la Ville, Tronchet, Monchalve, Seigneur, grand et petit moulins de Saint-Jean ou de Saint-Victeur. A droite la passerelle sortant de la rue des Pelettes conduisant aux moulins Perrin et Chevrier. Dessin de Louis Moullin, 1854. Musées du Mans.

En creusant la colline pour établir le tunnel, on découvrit cet escalier réalisé à l'époque gauloise. Cette trouvaille n'ayant pu être conservée, la photographie de Ferré vers 1872 nous est d'autant plus précieuse. Musée du Mans.

Les escaliers de la butte cénomane

Les rues pentues de l'antique cité furent au fil des siècles transformées en escaliers afin d'être plus praticables, notamment lors des fortes pluies.

Une vingtaine d'escaliers descendaient de la colline. Au XIXe et XXe siècles, de nombreux artistes les ont dessinés, peints et gravés.

En procédant en 1872 à l'enlèvement de la terre pour creuser le futur tunnel, on eut la surprise de dégager sous la muraille romaine un large escalier de pierre. Cet escalier, supposé d'origine gauloise, était constitué d'énormes pierres plates grossièrement taillées, posées sur la rangée précédente, comme les tuiles d'un toit.

Le talentueux graveur parisien Eugène Delâtre, ayant fait son service militaire au Mans, fut attiré par le pittoresque de la vieille ville et de la Sarthe, dans lesquelles il revint à plusieurs reprises, nous laissant de ses séjours de magnifiques gravures. Escalier de la Pierre-de-Tucé, 1908 - *Effet de neige.* Coll. Etienne Bouton, cliché Dominique Breugnot.

Chaque degré a évidemment son histoire : les marches des poternes, avant de s'étendre sur toute la largeur du passage, ne couvraient que la moitié de celui-ci, à droite ou à gauche, l'autre moitié n'étant qu'une pente pavée. Le cadastre de 1815 l'atteste encore et les marches de la ruelle Sainte-Barbe témoignent toujours de cet ancestral procédé.

Au pied de la descente de Tucé, une pierre affleure à peine le sol. Elle fut autrefois une borne limite de fiefs, possédés par quelques seigneurs du Maine, chacun chargé d'assurer la protection d'une partie du rempart de la ville, avant le XIIIe siècle.

En bordure des marches de l'ensemble de l'escalier des Ponts-neufs s'installèrent dix-sept marchands, dont les descendants tinrent boutiques jusqu'en 1925.

Dans l'escalier des Pans-de-Gorron, ce furent les filles de joie qui eurent ici leur commerce, inscrites brodeuses, dans l'annuaire de la ville, pour justifier leur présence.

◆ XIIe siècle

Rotrou III, le prisonnier de la tour Orbrindelle

Jadis château du Mans, place du Cardinal-Grente

Une puissante tour, aux assises carrées, fut construite au Mans en 1073 par Guillaume le Conquérant pour lui servir de château fort. L'ayant implanté au-dessus de la porte nord-est de la ville, il fit élever les murs de sa tour aussi haut que ceux de la tour voisine de la cathédrale. Le nom d'Orbrindelle (tour des Sarrasins) fut plus tard donné à ce donjon. Après la reprise du Maine et de la ville du Mans par Hélie de La Flèche, au décès du roi anglais Guillaume le Roux, le château de Guillaume le Conquérant devint la prison seigneuriale. Un de ses cachots fut, en 1110, le lieu de détention de Rotrou III, comte de Mortagne-au-Perche, capturé à Sées par Robert de Bellême, alors que Rotrou commandait des troupes anglaises. Le noble prisonnier sous la garde de geôliers vigilants n'espérait guère sortir vivant de ces sinistres lieux. La solitude associée à l'inaction donne parfois des idées morbides, mais toujours le désir d'évasion. Un jour, Rotrou demanda à ses gardiens de pouvoir être entendu en confession par l'évêque. Hildebert de Lavardin, accédant à la demande du comte, vint le voir dans son cachot. Rotrou lui fit savoir qu'étant grand pêcheur il avait, en repentir de ses fautes, l'intention de donner à l'église une partie de ses biens. Il lui fallait un notaire pour rédiger son testament et en porter connaissance à sa mère Béatrice résidant à Nogent.

Hildebert lui proposa de remplir cette mission. Arrivé à Nogent, l'évêque fut accueilli favorablement par la mère de Rotrou, Béatrice, qui lui offrit même l'hospitalité d'une nuit.

En partant le lendemain, Hildebert fut arrêté aux portes du château par Hubert Chevreul maître de l'hôtel du comte qui, par ordre de Béatrice, le fit enfermer dans la conciergerie de Nogent. La nouvelle de la séquestration de l'évêque se répandit vite.

Yves prélat de Chartres vint réconforter Hildebert, mais n'obtenant pas pour lui un traitement de faveur, Hubert Chevreul et Béatrice furent tous deux excommuniés par l'évêque de Chartres.

Le bruit de l'arrestation de l'évêque du Mans arriva aux oreilles de Rotrou au fond de sa prison. Il joua l'offusqué et adressa à sa mère une partie de sa perruque qu'il avait rognée, voulant par ce geste, témoigner qu'il recevait un déplaisir de la détention de l'évêque. Hubert Chevreul qui avait mis la main sur Hildebert n'avait garde de le libérer à si bon marché.

Plus tard la libération de Rotrou fut suivie de celle d'Hildebert.

Le stratagème du comte du Perche avait réussi à lui ouvrir les portes de sa prison sans la force des armes.

Le château Orbrindelle sera de 1425 à 1448 occupé par les troupes anglaises. La destruction du château du Mans fut ordonnée par Richelieu en février 1617. Dès le mois de mars suivant, Louis XIII fit don à la municipalité du sol du château Orbrindelle pour bâtir un hôtel de ville qui ne sera jamais réalisé. La démolition dura six années, les matériaux à récupérer furent estimés à 12 000 livres, des pierres seront vendues ou accordées par charretées : à l'hôpital pour bâtir l'infirmerie, aux Capucins, aux Cordeliers, aux Minimes, aux Ursulines et au chapelain des Trois-Maries.

◆ Du XIIe au XIVe siècle

Les métamorphoses du palais des Comtes du Maine

Place Saint-Pierre

Un premier château de pierre, construit au Xe siècle par le comte Hugues, à mi-parcours du flanc sud-est de la cité gallo-romaine, fut ruiné en 1062 par Guillaume le Conquérant, lorsqu'il usurpa la fonction de comte du Maine. Il préféra élever de 1063 à 1070, au-dessus de la porte Nord, principale entrée de la ville, un château, sorte de tour donjon dénommée tour Orbrindelle, afin de contrôler les mouvements de la population.

A la fin du XIe siècle, Hélie de La Flèche[9] reconstruisit un nouveau palais sur les fondations de l'ancien. La massive construction de forme rectangulaire ne comportait que deux niveaux, sans sous-sol, l'étage étant réservé au logement familial du comte.

Hélie n'occupa son palais qu'une quinzaine d'années, étant mort le 11 juillet 1110, après y avoir adjoint une grant'salle de 723 m^{2} pour célébrer les festivités des noces de sa fille Eremburge avec Foulque V comte d'Anjou[10].

Depuis 1110, Foulque, le comte d'Anjou, gouvernant également le Maine, partagea ses séjours entre les deux principales villes de ses comtés, Angers et le Mans. Son fils Geoffroy eut de son épouse Mathilde, Henri, futur Henri II qui monta sur le trône d'Angleterre

De l'époque de sa construction à la fin du XIe siècle, le palais a gardé la fenêtre géminée du logement particulier du comte du Maine qui fut le lieu de naissance en 1133 du roi d'Angleterre Henri II ainsi que la chambre de la reine Bérengère pendant un quart de siècle. Cliché Dominique Breugnot.

en 1154. Bien que roi, Henri II restera très attaché à la ville du Mans où il vit le jour dans le palais manceau. Il y revint à maintes reprises, faisant charpenter et agrandir la chapelle seigneuriale Saint-Pierre-de-la-Cour endommagée par un incendie.

Depuis la mort de Henri II, en juillet 1189, le palais manceau fut délaissé, car ni Richard Cœur de Lion, ni Arthur de Bretagne, ni Jean sans Terre, tous trois successivement comte du Maine, ne séjournèrent au Mans.

9 / 10 / **Les +** *de l'histoire* p.222, 223

Louis Moullin, 1854.

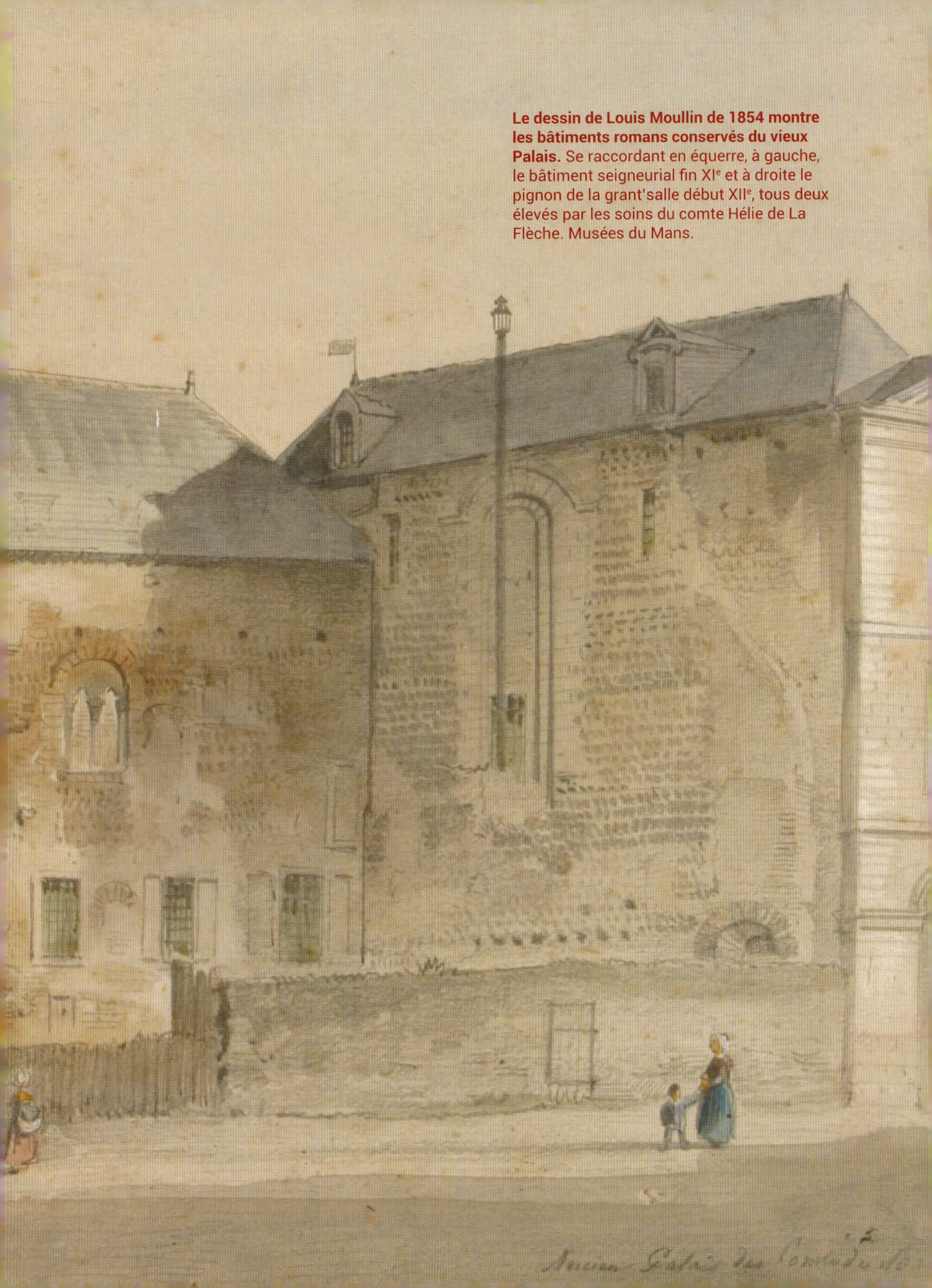

Le dessin de Louis Moullin de 1854 montre les bâtiments romans conservés du vieux Palais. Se raccordant en équerre, à gauche, le bâtiment seigneurial fin XIe et à droite le pignon de la grant'salle début XIIe, tous deux élevés par les soins du comte Hélie de La Flèche. Musées du Mans.

Une salle du palais, dite « de Bretagne », adjointe à la grant'salle, possédait comme décoration une frise sculptée au XIIe siècle sur laquelle figuraient les visages des familiers du comte. Carré Plantagenêt, musée d'archéologie et d'histoire du Mans, cliché Musées du Mans.

Le 28 avril 1202 sous la pression des barons aquitains, la Cour de Paris prononça la confiscation des possessions en France de Jean sans Terre et leurs remises à la couronne de France ; ainsi le Maine devint possession du roi, Philippe Auguste.

Le palais manceau retrouva une activité avec l'arrivée de la reine Bérengère, veuve de Richard Cœur de Lion. Bérengère[11], héritière d'Aliénor d'Aquitaine en 1204 reçut trois villes de l'Ouest : Domfront, Ambrières et Château-du-Loir, qu'elle échangea avec Philippe Auguste contre le douaire du Mans.

Le comté fut ensuite attribué à Marguerite de Provence, épouse du roi Louis IX, puis donné en 1246 à Charles d'Anjou, frère du roi, et transmis en 1285 à son fils Charles II d'Anjou, dit le Boiteux. Les deux derniers comtes, rois de Sicile, n'étaient intéressés par le Maine que pour les revenus qu'ils en tiraient.

Marguerite de Sicile, fille de Charles II, reçut en dot le Maine et l'Anjou, lorsqu'elle épousa en 1290 Charles de Valois. Le nouveau comte ne pouvant se loger dans la cité mancelle, les rares salles du palais étant occupées par les services de la justice depuis le décès de Bérengère, résolut d'habiter le manoir du Gué de Maulny au bord de l'Huisne. Là fut élevé Philippe de Valois qui devint comte du Maine à la suite de son père, jusqu'à son accession au trône de France en 1328, sous le nom de Philippe VI de Valois. C'est au Gué de Maulny que naquit Jean de Valois en 1319, futur Jean II Le Bon, qui à l'âge de neuf ans devint à son tour comte du Maine, mais il dut aussitôt quitter son comté pour Paris d'où il administrera le Maine.

On agrandit le palais au XIVe siècle en élevant le « bâtiment des gens du roi[12] ». Au XVe siècle, après la guerre de Cent Ans, un bastion dénommé « Chappitreau de la grant'salle », puis « du Gros pilier » fut construit dans les fossés au devant de la vis Saint-Pierre.

Cette tour de trois étages offrait un dernier niveau habitable, probablement réservé au comte du Maine. On y trouvait en particulier un minuscule oratoire possédant un plafond voûté d'ogives au centre duquel un aigle étale ses ailes tenant dans ses griffes et dans son bec l'écu moderne de l'Anjou. Cet oratoire existe toujours.

---

11 / 12 / **Les + *de l'histoire*** p.223

◆ XIIe siècle

Où l'on apprend l'existence d'un mystérieux crapaud

Evénement légendaire considéré comme vrai par ses contemporains, encore raconté en 1648.

La chronique de Normandie évoque un fait étrange arrivé au Mans en 1145, alors que des ouvriers travaillaient à creuser la terre pour jeter les fondations d'une nouvelle maison, la précédente ayant été détruite par les incendies de la ville. Les terrassiers trouvèrent contre l'antique muraille un curieux gros caillou constitué de deux pierres soudées l'une à l'autre. Voulant les séparer les hommes brisèrent leur union ; ils découvrirent, à leur grand étonnement, un gros crapaud vivant dans une cavité intérieure qu'il remplissait, alors qu'aucun orifice ne lui avait permis d'y entrer. La surprise fut encore plus étonnante lorsqu'ils constatèrent qu'à son cou une chaîne d'or était attachée. Voulant faire constater ce prodige par quelqu'un digne d'être écouté de son témoignage, les terrassiers en firent part au nouvel évêque Guillaume de Passavant. Le prélat s'étant transporté sur le lieu fut grandement surpris. Par sagesse, il ordonna aux ouvriers de rejoindre les pierres comme elles étaient avant, abandonnant dans la cavité le crapaud. Ce fut chose impossible, car l'animal ayant pris l'air et s'étant réveillé, il s'était gonflé. Il bavait, crachait du venin et creva.

La découverte de ce mystérieux crapaud eut dit-on, des conséquences inattendues, car la ville du Mans qui jusque là n'avait pas vu de serpent dans son enceinte ni dans le territoire voisin, fut depuis la mort du crapaud, sujette à la présence de ces bêtes venimeuses. A en croire les contemporains, l'animal à la chaîne d'or possédait un puissant pouvoir capable d'écarter de lui les serpents et les bêtes rampantes redoutables par leur venin.

Le sous-sol[13] de la Cité Plantagenêt

Les celliers

Au haut Moyen-Age, les mauvaises années de récolte provoquaient immanquablement d'épouvantables disettes. Pour parer, autant que possible, à ce manque de nourriture, le clergé aménagea aux XIe et XIIe siècles, dans les maisons canoniales, des celliers destinés à emmagasiner. Ces celliers, plus ou moins grands, étaient composés de deux niveaux, l'un en sous-sol à demi enterré où l'on logeait des barriques de vin et de cidre, les salaisons. Au-dessus s'élevait l'étage aéré, réservé au stockage des céréales, froment, seigle, sarrasin et fèves[14].

---

13 / 14 / **Les + *de l'histoire*** p.223

Les caves

Au XIIe siècle, les caves des celliers furent voûtées et les chapiteaux des piliers sculptés avec art, comme ceux de la cathédrale romane. Celui demeuré d'une conservation parfaite est le cellier de la maison du Livroir.

Les celliers de la fin du XIIe siècle furent construits avec plus de raffinement que ceux du XIe siècle. La cave du cellier du Livroir est partagée en quatre parties, ses voûtes reposant au centre sur un unique pilier, transformée au XIXe siècle en crypte Saint-Michel. Les quatre fenêtres en plein cintre de cette salle, ont été ouvertes au XIXe siècle. Cliché Dominique Breugnot.

Les caves les plus profondes furent, au XVIIIe siècle, sujets de tourments pour leurs propriétaires. Les gouvernements, royal et républicain, ayant un grand besoin de poudre à canon, composée de salpêtre, de souffre et de charbon de bois, imposèrent aux villes de fournir chaque année une quantité de salpêtre (nitrate de potassium), émanant de l'humidité des murs de pierre, récolté à la base du second sous-sol des maisons. Le salpêtrier ayant autorité de descendre partout, à la récolte de son précieux sel, provoquait des ennuis, même des dégâts en retirant parfois des murs, certaines pierres particulièrement bien salpêtrées.

Afin de se soustraire à ces fâcheux procédés, les habitants firent remplir leur seconde cave de terre, celle-ci n'en fut retirée qu'autour de 1970, lors des restaurations faites dans la vieille ville.

◆ XIIe siècle

Une coutume bien étrange

Antérieurement au XIIe siècle, les domestiques du comte du Maine se livraient à une insolente et abusive coutume : au décès de l'évêque, ils s'accaparaient tous les meubles et ustensiles se trouvant dans sa maison.

Geoffroy Plantagenêt, estimant ce procédé déshonnête, interdit cet abus, malgré la résistance de ses propres officiers, qui étaient les premiers à prendre part au pillage, prétendant même que ce droit avait été anciennement introduit en leur faveur.

Les règlements que le comte dressa pour faire cesser cette odieuse habitude furent confirmés par son fils Henri II et par ses successeurs.

Des procédés semblables étaient encore exercés au XVIIIe siècle à la cour, si bien ordonnée, de Louis XIV. Les seigneurs en service par quartier pouvaient, le jour de la mort du prince qu'ils servaient, mettre la main sur les objets, meubles ou vêtements touchant leur affectation à condition qu'ils soient présents ce jour-là.

Une autre coutume bien cruelle

Depuis l'époque romaine, il était de coutume, pour protéger d'éventuels malheurs les futurs occupants d'une maison nouvellement construite, de purifier le seuil des pièces du sang d'un coq spécialement égorgé. Cette habitude se propagea, le sang étant plus tard remplacé par de l'eau bénite. Le rameau utilisé pour l'aspersion était gardé et incorporé dans la maçonnerie.

Au Mans, en procédant en 1903 à la restauration du Grabatoire, on découvrit, en abattant un très vieux mur antérieur à 1525, des ossements humains emmurés.

En démolissant une maison rue du Bourg-d'Anguy, en vue de la construction des immeubles de la percée centrale, on trouva le squelette d'un chat recroquevillé dans un pot.

◆ XIIe siècle

Geoffroy Plantagenêt et le portail dit « de la pierre au Laict »

Place Saint-Michel

Au temps du gouvernement du Maine, par Geoffroy Plantagenêt, les membres du chapitre de la cathédrale firent reconstruire, durant le second quart du XIIe siècle l'allée centrale de la nef, ruinée par un incendie en 1134. Voulant doter la cathédrale d'un beau portail, l'évêque commanda une nouvelle entrée au flanc sud de la nef, face au débouché de la Grande Rue.

Pour réaliser ce portail, longtemps dénommé « de la pierre au Laict », des sculpteurs spécialisés le décorèrent d'un grand nombre de personnages : en bas saint Pierre et saint Paul, à leurs côtés huit personnages de l'Ancien Testament, ancêtres du Christ[15]. Au linteau, les douze apôtres, au tympan le Christ en gloire entouré des symboles des Evangélistes, à la première voussure dix anges thuriféraires, aux deux voussures suivantes, quarante-deux petites scènes, évoquant l'enfance de Jésus, depuis l'Annonciation jusqu'à sa première manifestation publique aux noces de Cana.

On voit, sculpté à la première pierre de la retombée droite de la voussure extérieure, Geoffroy assis sur son trône, la tête ceinte de sa couronne comtale, contemplant le grand spectacle de la Bible, ses avant-bras relevés, ses mains brisées laissent supposer qu'il les joignait comme étant en adoration. On a là dans la pierre le portrait du fondateur de la dynastie des Plantagenêts.

C'est du vivant de Geoffroy Plantagenêt que le portail sud de la cathédrale fut sculpté. Aussi pour rendre hommage au comte, l'évêque Guillaume de Passavant le fit figurer en tenue de cour vêtu d'une chainse, d'un bliaud et d'un manteau agrafé sur l'épaule droite. Il est assis sur son trône. Cliché Dominique Breugnot.

---

15 / **Les +** *de l'histoire* p.223

◆ XIIe siècle

De bien étranges marques sur les pierres

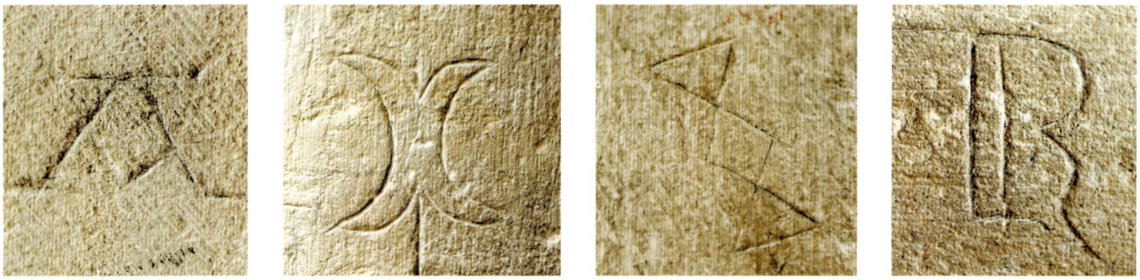

Marques de tâcherons.
Des centaines de marques de tâcherons peuvent être observés sur les murs du XIIe siècle de la cathédrale. On en remarque également sur la grand'salle du palais des Comtes du Maine, en 1110 et sur la maison Dieu de Coëffort fin XIIe siècle. Cliché Dominique Breugnot.

Au XIIe siècle un changement modifia le paiement des ouvriers tailleurs de pierres ouvragées. Dès lors, on prit l'habitude de les rémunérer suivant le travail exécuté, c'est-à-dire à la tâche, sans doute pour mieux contrôler leurs ouvrages. Sur de grands chantiers, le maître d'œuvre demandait à chaque tailleur de graver sur la pierre travaillée sa marque personnelle, appelée plus tard marque de tâcheron.

Voici quelques exemples de ces marques : un simple bâton, une lettre, une étoile à cinq branches, une équerre, une main, un couteau, un clou, un oiseau, une pointe de flèche…

Les pierres vérifiées étaient ensuite posées dans un pilier, un arc ou un jambage, ces signes restant visibles ou cachées.

On observe au Mans des marques de tâcherons, sur plusieurs constructions : en 1110 sur des ouvertures de la grant'salle du Palais, au milieu du XIIe siècle sur des piles de la nef de la cathédrale et à la fin du XIIe siècle, à Coëffort.

On constate cette pratique uniquement au XIIe siècle.

◆ XIIe siècle

La plaque émaillée sur le tombeau de Geoffroy Plantagenêt

Cathédrale du Mans

En 1151, Geoffroy le Bel dit Plantagenêt, s'étant baigné dans la rivière à Château-du-Loir, prit froid. Atteint de pleurésie, il trépassa le 7 septembre. Son corps ramené au Mans fut enterré, bien que laïc, dans le sol de la cathédrale, à la jonction de la nef romane et du bas-côté nord, avant le bras du transept. Le texte le plus ancien, celui des :

Sur l'émail placé sur le tombeau de Geoffroy Plantagenêt, le comte du Maine est habillé en tenue de cour, son manteau est doublé de vair (fourrure). Il a cependant la tête casquée, brandit son épée et tient son bouclier décoré de quatre lionceaux dressés. C'est dans l'histoire la première représentation d'un blason. Ce chef d'oeuvre est exposé au Carré Plantagenêt du Mans. Musées du Mans.

« *Plaintes et doléances des dégâts commis par les huguenots* » en 1562, précise : « *Entre les dicts deux aultez (autels) derniers, contre un pillier vers la dite nef y avait un monument et sépulture de pierre de taille d'un seigneur angloys fort anticque et magnificte amorti en franc d'espic sur lequel y avait troys testes fort anticques dont l'une était de marbre, vallant huict cents livres tourn.* »

La plaque en émail figurant Geoffroy fut admirée en 1160 par le moine Jean de l'abbaye de Marmoutiers et en 1758 fut écrit : « *Le tombeau est élevé de trois à quatre pouces, une plaque d'airain au-dessus émaillée attachée au pilier où est gravée sa figure.* »

La pierre tombale couchée au sol fut vraisemblablement supprimée lors des travaux de dallage de Mgr de Grimaldi en 1769, tandis que la plaque émaillée resta sans doute accrochée à un pilier duquel Mauny la retira en 1791 ; ce chef d'œuvre du XIIe siècle, fut sauvé.

Henri II, devenu roi d'Angleterre, institua une fondation de prières. Celles-ci devant être récitées tous les jours sur le tombeau de son père, donnèrent naissance à la paroisse du Crucifix, desservie jusqu'à la Révolution par deux curés, à un autel contigu au tombeau de Geoffroy.

◆ Du XIe au XVIIIe siècle

L'ancien palais épiscopal

Impasse Basile-Moreau

Les trois principales demeures de la vieille ville, qui jadis abritèrent les séjours manceaux prolongés ou momentanés des personnalités, furent : le palais des comtes du Maine, le palais du gouverneur ou Grabatoire et le palais épiscopal, dont il est ici question.

Au cours des siècles, divers événements obligèrent les évêques à changer plusieurs fois de résidence. Les prélats primitivement installés au sud de la cathédrale, dans une maison dite « de Saint-Bertrand », occupèrent à partir du XIe siècle, durant 750 ans, le côté nord de la cathédrale.

L'évêque Hoël (1085-1096) reçut fastueusement dans son nouveau palais épiscopal, en mars 1096, le pape Urbain II, venu en France prêcher la première croisade. Le pape parcourut le Maine durant 27 jours, visitant des abbayes et prieurés dont ceux de Solesmes et de Vivoin, escorté de nombreux évêques.

Le palais épiscopal connut des agrandissements successifs. En 1101, Hildebert de Lavardin reconstruisit son évêché sur un vaste plan, pour en faire une demeure digne des futurs évêques. Son œuvre fut hélas bientôt ruinée par l'incendie qui, en 1134, détruisit la nef voisine de la cathédrale. Son successeur Guillaume de Passavent s'attela à rebâtir, vers 1140, le palais épiscopal en y faisant élever notamment trois chapelles[16].

L'ancien palais du XIIe siècle de Guillaume de Passavent, aux salles voûtées, resta celui qu'occupa au XVIe siècle, le cardinal de Luxembourg. Ce fastueux prélat ne se

16 / **Les + *de l'histoire*** p.223

contentant plus des très vieilles chapelles, demanda à son habile moine architecte Simon Hayneufve, de lui en reconstruire une de grande beauté.

Depuis cette époque, et durant environ 250 ans, les divers bâtiments de l'évêché furent, dans leur gros œuvre, peu modifiés sauf le bâtiment de l'officialité, (tribunal ecclésiastique) et celui du secrétariat qui furent reconstruits en 1757[17].

Mgr Gouffroy Gonssans fit aménager à sa convenance un appartement à l'étage de la salle gothique synodale, puis fit démolir le traditionnel logement d'habitation des évêques. A cette occasion, l'entrée de l'évêché sera inversée, elle se fera désormais en contrebas du côté des Jacobins, jusqu'à la Révolution.

L'évêque avait dans les écuries de l'évêché pas moins de quatorze chevaux et deux mulets ainsi que deux carrosses et une chaise à porteurs.

Mgr de Gonssans fut remplacé en 1791 par l'évêque constitutionnel Prud'homme de la Boussinière, mis en place par les révolutionnaires. Il ne resta en poste qu'un an, rue de Gourdaine où avait été installé son évêché. La plupart de ces bâtiments épiscopaux, dont la chapelle du cardinal de Luxembourg, furent condamnés à la destruction en 1792, au grand dam des historiens et des amateurs d'art.

17 / **Les + *de l'histoire*** p.223

L'ancien palais épiscopal, secrétariat de l'ancien évêché, reconstruit en 1757. Cliché Dominique Breugnot.

Chapelle de l'évêché au chœur octogonal couvert d'un dôme surmonté d'un lanternon, élevée d'après les plans de Simon Hayneufve. Gravure d'optique du XVIIIe siècle de Hocquart. Coll. Etienne Bouton, cliché Dominique Breugnot.

◆ Du XIIe au XVe siècle

La pierre d'épreuve des lépreux

Quartier Saint-Benoît

De toutes les maladies contagieuses du Moyen-Age, une des plus redoutées, après la peste, fut la lèpre. Au Mans, la léproserie Saint-Lazare fut fondée au XIIe siècle à l'extrémité du faubourg Saint-Gilles, sur le territoire de Saint-Georges-du-Plain. La maladie propagée par les parasites – les poux, les puces, les punaises et les tics –, amenée par les chiens, les chats et les rats, ne fut en régression qu'à partir du XVe siècle. Cette épidémie cessa définitivement en 1693, les biens de la léproserie furent alors réunis à ceux de l'Hôpital général.

Les particuliers soupçonnés d'être atteints de la lèpre, désignée alors sous le nom de mézèlerie, étaient d'abord soumis au contact d'une dalle gardée à cet effet, dans une maison de la rue Dorée, dépendant de l'hôpital. C'était une table sur laquelle on plaçait nue la personne suspectée afin de l'examiner et de constater la réaction de son corps au contact de la pierre froide. D'après le rapport des médecins et des experts appelés pour la visite, l'évêque ou son official, prononçait la réclusion ou le renvoi chez lui de l'individu. C'était presque toujours sur dénonciations que les personnes étaient soumises à l'épreuve. Aussi, si l'accusation n'était pas fondée ou dictée par le dessein de nuire, l'administration condamnait-elle l'auteur de la dénonciation à payer à l'offensé des dommages et à faire réparation.

La pierre d'épreuve des lépreux resta en usage rue Dorée jusqu'à la fin du XVIIe siècle. Une pierre semblable, celle de la tombe d'un chanoine du XIIIe siècle, membre de la confrérie du Pain, constitua au XVIIIe siècle la margelle d'un puits de la rue Dorée. Photo Etienne Bouton en 1969, cliché Dominique Breugnot.

◆ XIIIe siècle

Bérengère de Navarre : une femme de caractère

Palais des Comtes du Maine, place du Hallay et place Saint-Pierre

Bérengère Marguerite, fille du roi de Navarre Sanche VI et de Béatrice de Castille, épousa en 1191 à l'âge d'environ 21 ans, Richard Cœur de Lion, roi d'Angleterre, fils d'Henri II Plantagenêt et d'Aliénor d'Aquitaine. La cérémonie eut lieu sur la route pour la Terre sainte, à Chypre dans la cathédrale de Limassol. Le mariage fut un échec. Bérengère revint en France par la mer Méditerranée tandis que Richard traversa l'Autriche où le duc Léopold 1er le captura le 21 décembre 1192, puis livra son prisonnier à l'empereur d'Allemagne Henri VI. Richard resta captif jusqu'en février 1194 et ne fut libéré que par le versement de la rançon de 100 000 mars d'argent, apportée par sa mère Aliénor[18]. Sitôt libre, Richard Cœur de Lion gagna Londres, soucieux de retrouver la direction de son royaume menacé par son frère Jean sans Terre.

Bérengère, délaissée, erra dans l'ouest de la France, habitant les châteaux que Richard lui avait assignés en 1191. Ils tentèrent en vain un rapprochement en 1196.

Un grand besoin d'argent fit commettre à Richard Cœur de Lion, une imprudence fatale. Attiré par la possession d'un trésor découvert à Châlus en limousin, il vint en personne attaquer le seigneur du lieu. En donnant l'assaut au château, une flèche le tua le 6 avril 1199. Cinq ans plus tard, Bérengère reçut en héritage de sa belle-mère, Aliénor d'Aquitaine, décédée en mars 1204, les villes de Domfront, Falaise et Château-du-Loir. Par stratagème, le roi de France, Philippe Auguste, proposa à Bérengère de lui échanger ces trois villes contre celle du Mans, en douaire seulement, (possession à vie non transmissible) sachant qu'ainsi, à son décès, Le Mans reviendrait à la couronne.

Dès 1204 Bérengère prit possession, au Mans, du logement seigneurial dans le palais comtal qu'elle occupa 25 ans. Jean sans Terre devait lui verser une rente annuelle de 1 000 marcs esterlin. Celui-ci oubliant souvent ses obligations, un accord fut établi en septembre 1215 pour que les 1 000 marcs soient régulièrement déposés entre les mains des templiers de Londres, qui firent parvenir les sommes à Bérengère. Elle reçut également les taxes prélevées sur les marchandises vendues aux marchés du Mans. Cependant, en 1218 un de ses officiers réclama une petite somme en deniers à un marchand exonéré par le chapitre de la cathédrale. L'évêque indisposé envers Bérengère mit toute la ville du Mans en « interdit » durant 18 mois, en supprimant messes, sonneries, sacrements et cérémonies funéraires[19].

Ces tracasseries isolèrent Bérengère de l'évêque et de son clergé. Elle n'eut de réconfort que de sa chapelle seigneuriale Saint-Pierre-de-la-Cour. Elle se tourna alors vers les gens simples qui la vénérèrent.

18 / 19 / **Les +** *de l'histoire* p.224

Bérengère de Navarre, épouse du roi Richard Cœur de Lion, reine d'Angleterre où jamais elle ne se rendit, est représentée en souveraine. Ses vêtements sculptés en pierre étaient primitivement peints de plusieurs couleurs. La sculpture du XIIIe siècle est à l'abbaye de l'Epau (Conseil départemental). La sculpture a été ici redressée. Cliché Dominique Breugnot.

Le gisant de Bérengère repose les yeux ouverts, guettant la résurrection des morts. De ses mains, elle tient son livre de prière sur la couverture duquel elle figure à nouveau mais défunte, couchée entre deux cierges. Abbaye de l'Epau (Conseil départemental). Cliché Dominique Breugnot.

Les multiples déplacements du tombeau de Bérengère

Bérengère de Navarre, reine d'Angleterre par son mariage en 1191 avec Richard Cœur de Lion, acheva les dernières années de sa vie dans les bâtiments du palais des Comtes du Maine. Ayant atteint la soixantaine, Bérengère détermina le lieu où son corps devait reposer lorsque la vie l'aurait abandonnée. Ce ne fut ni à l'abbaye de Fontevrault près de Richard, ni à la cathédrale, en grand chantier, pas plus qu'en sa chapelle seigneuriale de Saint-Pierre trop petite, mais dans l'abbatiale d'un monastère qu'elle fonda en 1229, la Pitié-Dieu, « *en un lieu près du Mans nommé L'Espal accordé en août 1228 par le roi Louis IX* », son neveu.

Bérengère rendit l'âme le 23 décembre 1230, dans la chambre de son palais manceau. L'abbatiale de l'Epau étant loin d'être édifiée, le corps de la reine fut enterré provisoirement à l'emplacement de la salle capitulaire.

Un gisant de pierre, la figure couchée, tenant le livre d'heures, fermé, avec lequel elle avait tant de fois prié, sa main gauche le soutenant, sa main droite le protégeant, geste inusité pour les gisants funéraires de l'époque.

Le premier lieu d'ensevelissement du corps de Bérengère ne devait pas être définitif. Il le fut cependant, mais pas la pierre tombale qui occupa sept autres emplacements avant de revenir à l'emplacement initial.

En 1602, Pierre de Gondi, archevêque de Paris, abbé de l'Epau, introduisit le gisant dans le chœur abbatial, à côté de l'Evangile. Il fut déplacé en 1672 pour le milieu du chœur.

En 1792, l'abbaye étant vendue, le gisant gênant, relégué contre un mur, fut caché dans un grand tas de grains. La pierre tombale repérée par l'Anglais Alfred Stathard fut transportée en 1821 à la cathédrale dans le bras nord du transept. Elle dut à nouveau céder sa place en 1861 au monument élevé à Mgr Bouvier, pour aller au bras sud.

En 1920, le gisant de la reine, remplacé par la liste commémorative des prêtres tués à la Grande Guerre, dut regagner le bras nord.

En 1970, l'abbaye de l'Epau restaurée peut accueillir le retour de la pierre tombale dans la chapelle des Trois-Rois-Mages de l'abbatiale. En 1988, le gisant sculpté revint définitivement dans la salle capitulaire rejoindre les ossements.

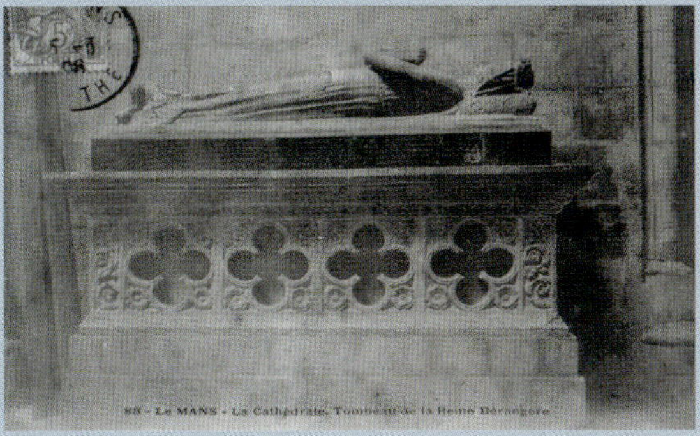

Le gisant de Bérengère transporté en 1821 à la cathédrale occupa le bras nord du transept. Il fut transporté en 1861 dans le bras sud, visible sur la carte postale, couché sur un soubassement réalisé au XVIIe siècle. Coll. Etienne Bouton, cliché Dominique Breugnot.

◆ 1216

Le duel judiciaire

Place Saint-Pierre

Sur la place Saint-Pierre, eut lieu au XIIIe siècle, un événement qui fut longtemps gardé en mémoire. A la fin du mois d'août 1216, le jour de la vigile de la Saint-Barthélemy, la place était en grand émoi. La foule s'y était précipitée en masse. A toutes les fenêtres émergeaient de nombreuses têtes de curieux. La reine Bérengère elle-même, juchée sur une estrade au devant de son palais, dut assister, plus par devoir que par plaisir, au triste spectacle qui allait se dérouler : un combat singulier au cours duquel le vaincu allait publiquement laisser sa vie.

Les adversaires étaient frère et sœur : Huet et Hodeburge de Corleirant se disputaient la succession de leur père. La fille acceptait le partage, tandis que le fils voulait en priver sa sœur, alléguant qu'elle avait « *forfait à son honneur* ».

La justice du comte n'ayant pu les départager, la décision allait être rendue par la force. On avait ménagé au centre de la place un enclos vide, où devait avoir lieu le corps à corps.

Une femme ne pouvant combattre contre un homme, Hodeburge fut défendue par Joscet Lefèvre, tandis que son frère transmis son gage de bataille à Radulphe Flory. Ainsi les deux hommes s'affrontèrent torse nu, chacun armé d'un bâton et d'un bouclier. Seule la nuit pouvait arrêter le combat, à condition de tenir en vie jusque-là.

Au signal donné les deux hommes s'élancèrent l'un vers l'autre, leurs bois fendaient l'air pour venir blesser, mais souvent ils s'arrêtaient contre le bois du bouclier adverse. Bientôt le sang coula. De temps en temps, l'arbitre suspendait le combat pour donner à l'un et à l'autre quelques instants pour reprendre des forces et boire une lampée d'eau ou de vin. Le spectacle fut de plus en plus horrible à voir.

Enfin Joscet Lefèvre montra des signes d'épuisement. Radulphe Flory en profita pour le frapper plus cruellement, puis le tuer. Le prêtre sacristain de Saint-Pierre se précipita avec un crucifix. Justice était rendue, Huet de Corleirant triomphait.

Il était de coutume lors de ces duels, qui avaient lieu sur le sol du marché entre la Grant'salle du palais et la collégiale, que le sacristain s'appropriât le bouclier et l'arme du vaincu, comme on garde la corde d'un pendu. Ce fut, cette fois-ci, Raoul l'Enterré qui s'empara des funestes trophées.

La place Saint-Pierre et le devant du portail de la pierre au Laict furent au Mans, jusqu'au XVIIe siècle, les deux lieux d'exécutions des sentences judiciaires. Elles eurent lieu ensuite place des Halles (actuelle place de la République).

Sur la commune de Pontlieue, le gibet était en permanence dressé, composé d'un ensemble de potences, aux cordes desquelles étaient suspendus les cadavres donnés en proies aux rapaces.

◆ 1re moitié du XIIIe siècle

Le chat, les souris, les basilics et les sculptures démoniaques

Cathédrale Saint-Julien

Pour édifier la cathédrale du Mans, des centaines de tailleurs de pierres et de sculpteurs se succédèrent, durant cinq siècles de travaux. Chaque ouvrier avait sa spécialité. Les uns réussissaient à la perfection les feuillages des chapiteaux, d'autres les moulures circulaires de la base des colonnes ou les clefs de voûte. Il semble que parfois l'improvisation fut laissée à l'imagination de l'exécutant, sans que l'architecte intervienne. Ainsi dans la cinquième chapelle, dite de Saint-Julien, au déambulatoire du XIIIe siècle, le sculpteur de la clef de voûte eut une idée particulière, peut-être inspiré de sa propre demeure, il figura un chat en présence de deux souris, hésitant à croquer en premier l'une ou l'autre, tel l'âne de Buridan.

Deux basilics sont depuis sept siècles des témoins attentifs des cérémonies de la cathédrale. Cliché Dominique Breugnot.

La corbeille d'un gros chapiteau située à la jonction du déambulatoire du chœur et du

La boule aux rats.
Cliché Dominique Breugnot.

Un chat guettant les souris.
Cliché Dominique Breugnot.

bras nord du transept, regroupe une nichée de dix petits monstres, des « basilics », composés d'un corps d'oiseau aux pâtes griffues, d'une queue de serpent et d'une tête humaine.

Ces êtres hybrides étaient, suivant la légende, éclos d'un œuf pondu par un coq de sept ans, couvé durant trois ans par un crapaud. Ces animaux, d'un caractère craintif, désertaient les fermes, ne pouvant supporter le chant paternel du coq. Ils vivaient dans les landes brûlées par le soleil. Les yeux du basilic étaient maléfiques. S'ils croisaient ceux d'un humain, celui-ci trépassait sur le champ. Toutefois, le dangereux fluide ne pouvant traverser le verre, un promeneur pouvait sans crainte s'aventurer près de ces petits monstres, à condition qu'il soit muni d'une cloche transparente protégeant sa tête. Seules les belettes avaient la ruse de saigner les basilics, sans mal pour elles.

Extérieurement sur un contrefort du XVe siècle de la cathédrale, épaulant le bas côté sud de la nef romane, deux sculptures incongrues attirent l'attention des curieux. L'une représente le globe céleste surmonté d'une croix, celui que les rois ont en mains le jour de leur sacre. Ici la sphère est trouée comme un gruyère et envahie de rats, symbole de la dépravation à tous les niveaux de la morale humaine. L'autre sculpture figure l'accouplement immoral d'une femme avec le diable. Vers 1920, l'évêque qui avait cette scène dans son champ de vision, depuis la chambre de son nouvel évêché, supportant mal l'attraction que cette sculpture suscitait auprès des jeunes militaires, se rendant le dimanche aux pans de Gorron, la fit un jour enduire de ciment par son sacristain, désirant sauver la morale au détriment d'une pittoresque œuvre d'art.

◆ Début XIVe siècle

Entrées solennelles des évêques du Mans

De l'église Saint-Ouen-des-Fossés à la cathédrale

En 1324, l'évêque du Mans Pierre Gougueul (1309-1326) établit un règlement pour les entrées solennelles des évêques, venant prendre possession de leur diocèse. Il voulut que cette cérémonie fut, pour les Manceaux, impressionnante par sa solennité, que chacun puisse voir le visage du nouveau prélat et que l'évêque puisse découvrir ceux de ses fidèles. Pour ce faire, il établit que le transport eût lieu sur un siège porté au-dessus de la foule, comme on le faisait pour le pape à Rome.

Par acte d'autorité, les huit porteurs désignés furent les barons vassaux de l'évêque. En échange de leurs services, un palefroi sellé leur était remis.

Les barons furent d'abord flattés de cette charge, mais leurs successeurs manifestèrent moins d'enthousiasme, cherchant tous les moyens pour se faire remplacer. Dès 1339, pour l'entrée de l'évêque Jean de Craon, Guillaume Chamaillard seigneur d'Anthenaise, envoya son fils prétextant que lui-même avait à lutter contre les Anglais. En 1355, pour l'entrée de Michel de Brèche, ce furent trois barons qui se récusèrent.

La guerre de Cent Ans ne favorisa pas ces entrées solennelles. Cependant, cette coutume reprit et se pratiqua encore au XVIe siècle[20].

◆ XIVe siècle

L'hôpital des Ardents

Place Saint-Michel face au portail de la Pierre au laict

Les deux fenêtres à réseaux gothiques, faisant face au portail sud de la cathédrale, sont celles de la chapelle d'une ancienne maladrerie du XIVe siècle. Primitivement fondée au début du XIe siècle, par l'évêque Avesgaut, on y soignait les malades atteints du feu de Saint-Antoine dit mal « des ardents » ou de « Saint-Julien », provoqué par un champignon se développant en période d'humidité dans les épis de seigle encore sur pieds.

L'épidémie cessa, mais reprit avec force au XIVe siècle. C'est à cette époque que pour héberger les malheureux, l'hôpital fut reconstruit assorti d'une nouvelle chapelle. L'épidémie disparut aux abords de 1525, sans que l'on connaisse la cause du mal.

Ce champignon, qui gangrenait les membres des malheureux ayant mangé du pain fabriqué avec la farine de seigle avariée, provoquait d'horribles brûlures comparables à celles du feu, au point d'en devenir fou. Ce

20 / **Les +** *de l'histoire* p.224

Le malade de la maison du Bon Conseil se tient la tête dont il souffre. Sculpture en bois du XVᵉ siècle. Cliché Dominique Breugnot.

furent ensuite les déments que l'on soigna dans cet hôpital dits des Ardents.

Les frères hospitaliers étaient vêtus comme les prêtres séculiers, avec en plus, une patte de biche suspendue au côté gauche de leur soutane dont on ignore la signification. L'hôpital avait le privilège de laisser des pourceaux parcourir les rues à la recherche de nourriture dans les détritus abandonnés. Ces animaux, munis d'une clochette suspendue à leur cou, étaient acceptés.

Sur la maison voisine dite du « Bon conseil », on y voit sculpté saint Julien conseillant à un malade, souffrant de la tête, d'aller se faire soigner dans l'hôpital voisin.

◆ XIVe siècle

Les anges musiciens de la cathédrale du Mans

Chapelle de la Vierge

Dans la seconde moitié du XIVe siècle, la cathédrale Saint-Julien était en grand chantier, celui de la reconstruction de la tour et du bras sud du transept. Une grande cloison devait isoler cette partie ouverte à tous vents du reste de l'édifice.

L'évêché du Mans reçut pour prélat, en octobre 1367, Gontier de Baigneux, prêtre originaire du diocèse de Meaux, archidiacre de Brie, docteur en théologie, secrétaire du roi Charles V. Personnage compétent, il préférait la solitude et la méditation aux contacts humains. Le nouvel évêque ayant une grande dévotion pour la Vierge Marie allait souvent s'isoler, pour prier dans la chapelle axiale de la cathédrale. Aussi décida-t-il d'y faire édifier son futur tombeau, figurant en gisant sur un sépulcre de marbre blanc et noir, placé au milieu de la chapelle. Il fit peindre sur les voûtes, partagées en dix-huit compartiments, une légion de quarante-sept anges glorifiant la mère de Dieu. La moitié de ces anges jouent d'un instrument particulier, à vent, à percussion ou à cordes – le plus curieux étant un échiquier – tandis que l'autre moitié de la cohorte céleste chante.

Pour réaliser cette décoration, qu'il voulut belle, le prélat eut recours aux talents de Jean de Bruges, cartonnier des tapisseries de l'Apocalypse, déjà mise en chantier pour orner la cathédrale d'Angers. Le rapprochement du travail réalisé au Mans avec les œuvres authentifiées de Jean de Bruges a été fait en comparant les dessins et les couleurs des motifs angéliques des voûtes de la chapelle, avec certains panneaux de la tapisserie angevine.

On est en effet stupéfait de constater des similitudes : les anges se détachent sur un fond rouge pourpre, leurs ailes de diverses couleurs sont semblablement traitées, leurs mains ont des doigts effilés, les nuages bleus sont pareillement gaufrés.

La décoration de la chapelle commença certainement à partir de 1377. Le travail achevé, l'évêque Gontier de Bagneux contempla,

Fenêtres de la chapelle de l'hôpital des Ardents, XIVe siècle, où étaient soignés les malades atteints du feu de saint Antoine causé par l'ergot du seigle. Cliché Dominique Breugnot.

sans doute, son coin de paradis avec satisfaction. Hélas, le pape Clément VII le nomma en 1384 archevêque de Sens. C'est à regret qu'il abandonna sa chapelle céleste et son tombeau qui resta vide, puisqu'il décéda à Sens deux mois seulement après avoir pris possession de sa nouvelle cathédrale.

Ange faisant vibrer les cordes de sa harpe peint par Jean de Bruges durant la seconde moitié du XIVe siècle, chef-d'œuvre de la peinture murale. Cliché Dominique Breugnot.

◆ XIVe siècle

Une malfaçon dans la construction de la cathédrale

Soyez attentifs pour découvrir l'erreur ! Cliché Dominique Breugnot.

Il existe une invraisemblable erreur, dans la construction du XIVe siècle, qui, à l'époque, échappa à la surveillance pourtant attentive de l'architecte Jehan Le Maçon que le chapitre avait engagé.

En 1386, après un arrêt de plus de 130 ans, depuis la consécration du chœur de la cathédrale (1254), le chantier avait repris par le renouvellement du transept, d'abord par sa tour clocher, puis au bras sud par le mur regardant l'ouest. 70 ouvriers étaient engagés sur le chantier dont 23 maçons. L'architecte, pour apporter lumière et décors à cette partie de l'édifice, conçut une galerie ajourée vers l'intérieur, vitrée vers l'extérieur, devant être surmontée de deux immenses baies. C'est dans l'assemblage des diverses pierres moulurées couronnant la galerie qu'eut lieu l'imperfection, visible depuis le sol.

La galerie est composée de deux parties, chacune à nouveau divisée en quatre fenestrages s'épanouissant en leur centre d'un quadrilobe. La malfaçon se situe à droite du 4e quadrilobe en partant des orgues. Deux arcs devant se raccorder aboutissent en fait l'un à côté de l'autre, sans se joindre, l'édifice n'en est pas pour autant fragilisé. Comment a-t-on pu laissé passer une telle malfaçon ?

◆ 1392

Crise de folie de Charles VI au Mans

Pierre de Craon, seigneur de la Ferté-Bernard, tenta d'assassiner, à Paris, Olivier de Clisson, connétable de France, le 14 juin 1392[21].

Suite à cet événement, Charles VI donna aussitôt ordre au prévôt de Paris de poursuivre Craon avec toutes ses escouades. Seuls deux hommes d'arme et un page de sa suite furent atteints et décapités, ainsi que le concierge de la demeure de Pierre de Craon. Son procès fut dressé par contumace, ses biens confisqués, son hôtel rasé, puis converti en cimetière. La rue où eut lieu l'attentat porta le nom de « rue des Mauvais-Garçons ». A la Ferté-Bernard, la femme et la fille de Pierre de Craon furent, en chemise, chassées du château.

Malgré l'avis de ses oncles, qui cherchèrent à le dissuader de poursuivre sa vengeance, le roi persuadé que le coupable s'était réfugié chez son cousin Jean de Montfort, duc de Bretagne, partit de Paris pour le Mans le 12 juillet 1392 à la tête de 10 000 hommes pour venger le connétable de Clisson.

Arrivé au Mans avec toute la cour, le roi, déjà malade, s'installa pour trois semaines dans la tour Orbrindelle du château du Mans, en attendant d'être rejoint par d'autres corps de troupe. Durant ce temps, la ville fut dévastée par les soldats qui venaient d'arriver. Dès les premiers jours d'août, Charles VI tint des propos insensés, prémices d'une démence.

Le 5 août, malgré les recommandations de son entourage de ne pas poursuivre Pierre de Craon jusqu'en Bretagne, ce dernier étant parti en Espagne, le roi donna cependant l'ordre de prendre les armes en direction de la Flèche.

Ce jour-là, la chaleur était accablante et Charles VI devait d'autant plus en souffrir qu'il était vêtu comme en plein hiver. Il portait un manteau par-dessus sa jacque de drap d'or et s'était ceint la tête d'un vaste chaperon de velours écarlate. Le défilé, sorti de la ville, alla rejoindre le Gué de Maulny pour traverser l'Huisne, afin de pénétrer dans la forêt du Mans.

Des ruines du manoir du Gué surgit un homme. Brusquement, il saisit la bride du cheval de Charles VI et cria : « *Roi ne chevauche plus avant, mais retourne, car tu es trahi !* ». Le roi garda silence tandis que l'homme s'éclipsait. Ils continuèrent leur voyage dans la forêt. Ayant passé Guécélard, la lente chevauchée se fit à découvert dans les chaudes landes de Parigné-le-Polin. Un page sommeillant, porteur d'une lance, laissa choir son arme sur le casque d'un de ses compagnons. Le choc fit tressaillir le roi. Il crut entendre le cliquetis des armes et se vit déjà attaqué. Tombant aussitôt dans une véritable fureur, il lança son cheval au galop et l'épée à la main s'écria « *Avant ! Avant ! sur ces traîtres !* », Il blessa mortellement quatre écuyers, parmi lesquels un religieux de Saint-Denis. Son frère, qu'il ne reconnut pas, ne put le contenir.

21 / **Les + ** *de l'histoire* p.224

Cet accès de frénésie dura une heure entière. Charles VI haletant, baigné de sueur, fut enfin maîtrisé par Guillaume Martel, son chambellan. Le roi couché sur le sable s'évanouit. Le duc de Bourgogne donna l'ordre de rebrousser chemin en regagnant Le Mans. On transporta le roi lié sur un chariot à bœufs jusqu'au palais épiscopal où il ne reprit connaissance que deux jours plus tard. Son état empira, l'évêque du Mans, Pierre de Savoisy se chargea de le faire soigner. Les médecins déclarèrent que le roi allait mourir, mais il recouvra la santé et l'usage de la raison. Il assista aux cérémonies de la cathédrale dans le chœur et fit une neuvaine dans l'église des religieuses du Pré. S'estimant guéri, il envisagea, le 17 août 1392, de quitter le Mans pour Chartres et Paris. Avant son départ, les chanoines lui présentèrent leur projet de reconstruire le transept nord de la cathédrale. Le roi promit d'y contribuer en accordant notamment 100 livres de rente annuelle au chapitre [22]. En remerciements, on éleva l'autel du roi derrière le maître-autel de la cathédrale. Le 13 mai 1393, le roi redonna 1 000 francs or pour l'édifice de la croisée et expédia mensuellement des sommes aux chanoines manceaux. Le 17 février 1403, la première pierre du bras nord du transept de la cathédrale fut posée par l'archidiacre de Sablé.

Les murs du chantier, désignés œuvre du roi, s'élevèrent en 23 années. Cette partie de la cathédrale était en bonne voix d'achèvement, lorsque les Anglais vinrent s'emparer de la ville en 1425. La vitrerie de la grande rose fut posée vers 1435.

A l'entrée de la forêt du Mans, le solitaire du manoir du Gué de Maulny saisit la bride du cheval de Charles VI et cria : « *Roi ne chevauche pas plus avant* [...] *car tu es trahi !* » Gravure extraite de *L'Histoire de France depuis les temps les plus reculés jusqu'en 1789 racontée à mes petits-enfants* par M. Guizot, 1877. Médiathèque Louis-Aragon du Mans.

22 / **Les +** *de l'histoire* p.224

Dans les prisons du chapitre de la cathédrale

Jadis place Saint-Michel

Depuis le XVe siècle pour incarcérer les clercs de la cathédrale coupables de délits, le chapitre possédait en une seule construction, dénommée la tousée, trois cachots superposés de diverses valeurs.

Cette tousée était située au sud du chœur de la cathédrale, enclavée à la tour-clocher, son côté étant proche de la première chapelle rayonnante. Au devant de la tousée était une petite cour qui isolait la prison d'un autre bâtiment, l'auditoire de la tousée.

Le cachot réservé aux coupables de fautes très graves, d'incendies ou de meurtres, était creusé en terre. Privé de lumière et de porte, il n'avait qu'une trappe percée en sa voûte pour descendre le condamné. Ce cachot était communément dénommé « *in pace* » : en paix, car aucun bruit, ni plainte, ni gémissement ne pouvaient en sortir.

Le cachot intermédiaire situé au-dessus du précédent devait enfermer les clercs moins fautifs. De forme rectangulaire et voûté, son sol était en contrebas de celui de la cour et possédait une petite fenêtre barrée, sa porte étant en fer.

Le cachot supérieur d'une surface de 9 m^2, également voûté, avait une ouverture garnie de barres. Son accès s'effectuait par une porte en fer située au haut d'un escalier extérieur de 10 marches.

Ces trois geôles étaient pourvues d'un siège d'aisances en pierre, servant communément de banc. La nourriture était journellement de trois livres de pain, de quatre les jours de chapitre, l'eau étant la seule boisson.

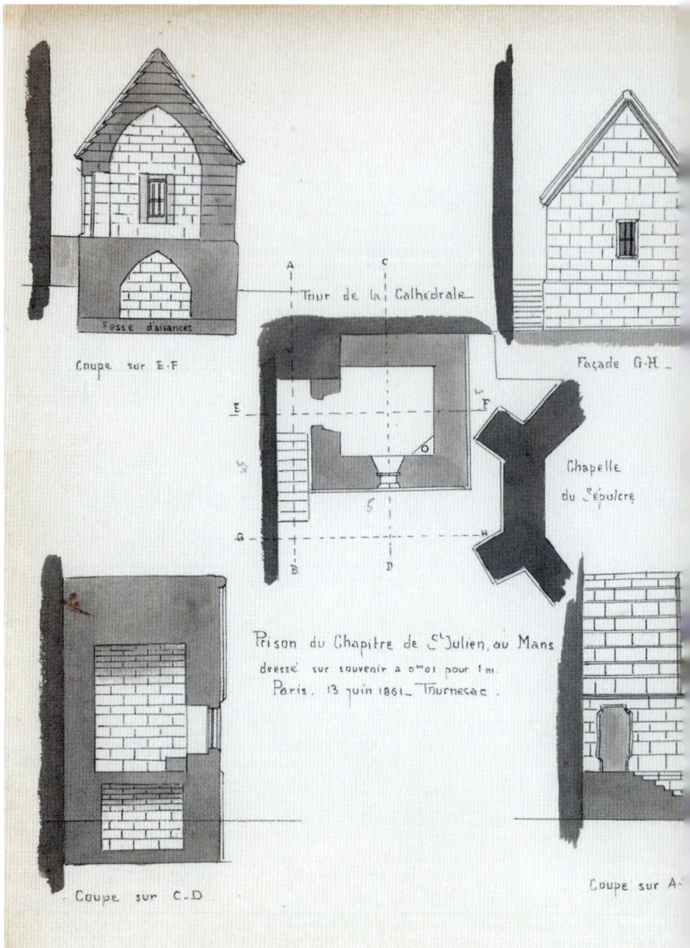

L'abbé Tournesac, qui avait vu la tousée dans sa jeunesse, dessina de mémoire la construction, mais, ne l'ayant pas fréquentée, il commit une erreur, celle d'oublier un des trois cachots. Dessin relevé par André Bouton, cliché Dominique Breugnot.

Si par jugement l'individu présumé coupable d'un meurtre se trouvait condamné à la peine capitale, il était publiquement pendu au gibet du chapitre dressé pour l'occasion, « place du Cloître », près de la cathédrale.

Un écolier de Saint-Ouen, clerc de la cathédrale, Adam Rouzée, fut enfermé en avril 1635 par le chapitre pour s'être absenté douze jours du chœur sans prévenir. A celuici réclamant avec force sa libération, les chanoines répondaient « *habeat patientiam* » : que l'occupant prenne patience.

Enfin la tousée et l'auditoire devenus inutiles au XIXe siècle, furent démolis en 1836, pour faire place à la construction d'une nouvelle salle du chapitre dans laquelle siégèrent benoîtement les chanoines, sur le sol même où précédemment certains clercs furent, tant de jours, dans l'angoisse.

Chasse-roues ou boute-roues de la cité mancelle

Sait-on que les nombreuses grosses et moyennes pierres, dénommées « chasse-roues » ou « boute-roues », qui dans les rues de la vieille ville s'adossent aux bas des murs, avaient jadis un triple usage ? Protéger les maisons des chocs des grandes roues des charrettes et de celles des carrosses, éviter aussi aux passants d'avoir les pieds écrasés par les véhicules, enfin aider les cavaliers peu lestes à monter à cheval.

Plusieurs centaines de chasse-roues caractérisent toujours l'aspect des rues de la Cité Plantagenêt, malgré la disparition d'un bon nombre d'entre eux, retirés au XIXe siècle, pour ménager des trottoirs.

Les rues ont gardé de nombreux chasse-roues très caractéristiques de la cité mancelle. Cliché Dominique Breugnot.

◆ 1425

Les boulets de bombarde

Square Robert-Triger

Le Maine fut à plusieurs reprises, durant la guerre de Cent Ans, le théâtre d'opérations militaires qui laissèrent finalement la ville du Mans en état de ruines. Au premier jour de juillet 1425, tandis que les charpentiers assemblaient leurs bois pour couvrir le bras nord du transept de la cathédrale, les troupes anglaises, ayant à leur tête Thomas de Montagu comte de Salisbury, vinrent faire le siège de la ville du Mans. Les soldats ennemis prirent place dans l'enclos des Jacobins, au devant de la muraille médiévale entourant le chœur de Saint-Julien, estimant qu'ici le mur était plus vulnérable qu'ailleurs.

Neuf bombardes d'un poids de trois à cinq tonnes, tirées par plus de soixante bœufs, avaient été acheminées en ce lieu. Les boulets de grès de forme sphérique, taillés à Sargé, mesuraient de 49 à 53 centimètres de diamètre et pesaient environ 150 kilos. 5 kilos de poudre étaient nécessaire pour en propulser un[23].

Les boulets anglais ayant tant apeurés les Manceaux en juillet 1425 se trouvent au square Robert-Triger. Cliché Dominique Breugnot.

Ces deux boulets de bombarde ont peut-être détruits des murs. En revanche, ils ont contribué à une reconstruction rue de Vaux. Cliché Dominique Breugnot.

Le chevet de la cathédrale, véritable bijou d'architecture, allait-il périr en quelques jours sous l'action des boulets de pierre crachés par ces énormes pièces à feu ?

En France, les canons avaient fait leur apparition en 1346 à la bataille de Crécy, mais jamais les Manceaux n'en avaient vu d'aussi puissants. Au bout de 10 jours d'attaque, le 10 août 1425, les habitants se sentant en moindre force, ouvrirent les portes de leur ville, pour laisser entrer l'ennemi. Peut-être pouvaient-ils encore résister, mais sans doute voulurent-ils éviter à leur cathédrale de trop grandes blessures.

Huit des pierres de bombarde sont présentées dans le square de la rue Robert-Triger, une est au Musée, deux autres éclatées furent réutilisées pour construire le mur de clôture de l'hôtel de Vaux.

---

23 / **Les + *de l'histoire*** p.224

◆ 1428

Soixante-cinq Manceaux se sacrifièrent pour libérer leur ville

Portail de la Pierre au laict, place Saint-Michel

Du temps de la guerre de Cent Ans, un massacre collectif eu lieu devant la cathédrale.

Les Anglais occupaient Le Mans depuis le 10 août 1425. Comme tout occupant en temps de guerre, ils contraignaient par la force les Manceaux à toutes sortes d'avilissements. Ces derniers tentèrent plusieurs fois, mais en vain, de se libérer du joug qui leur était imposé.

En mai 1428, une partie des troupes anglaises était absente de la ville. Seuls y restaient quelques soldats et leur capitaine Suffolc. A l'extérieur, rôdaient les troupes françaises commandées par Ambroise de Loré et par La Hire, qui avaient été averties de cette situation. La nuit du 25 mai, mardi de la Pentecôte, quelques Manceaux montés sur les remparts firent signe aux Français, à l'aide de brandons allumés, que le moment était propice pour eux d'attaquer. Les plus décidés des citadins tuèrent les sentinelles qui gardaient fermées les portes de ville, puis abaissèrent les ponts-levis. Les troupes françaises, pénétrant par le pont Neuf et par la Vieille Porte, s'affrontèrent alors aux Anglais qui eux, se sentant en moindre force, se réfugièrent dans la tour Orbrindelle, château du Mans. Suffolc, maîtrisant la porte du château, dépêcha par celle-ci une estafette vers Alençon pour signaler à Talbot, capitaine anglais, l'assaut des Français. Celui-ci arriva le vendredi à l'aube avec cinq à six cents cavaliers qui surprirent les Français se reposant sur les lauriers de leur victoire. Après avoir massacré bon nombre de soldats français, les Anglais reprirent la ville.

Suffolc voulut ensuite punir sérieusement tous ceux qui avaient contribué à ce soulèvement. Il désigna des otages : 30 bourgeois, 20 prêtres et 15 religieux. Ces soixante-cinq hommes, complices ou innocents, eurent publiquement la tête tranchée sur les pierres au Laict, dalles du vieux dolmen, couchées à côté du portail sud de la cathédrale. En outre, les biens des victimes furent confisqués. Cette dramatique répression meurtrit les cœurs de nombreuses familles mancelles. Dès lors, le dolmen devint l'autel du sacrifice des leurs. Depuis, les Manceaux restèrent si attachés à ce monument qu'ils se refusèrent jusqu'en 1778 à son enlèvement.

Sur le dolmen de la Pierre au laict, 65 Manceaux furent décapités par les Anglais d'occupation. Dessin d'André Bouton d'après un lavis de Louis Maulny. Coll. Etienne Bouton, cliché Dominique Breugnot.

Imposant reliquaire
du pied de saint Philippe, que Philippe de Luxembourg fit élever en retour nord de son jubé, lorsqu'il fut promu cardinal en 1495 par le pape Alexandre VI. Dessin gravé de E. Hucher en 1875 d'après l'original du musée du Mans. Coll. Etienne Bouton, cliché Dominique Breugnot.

PARTIE 2

La fin du Moyen-Age

Des modestes logis d'avant la guerre de Cent Ans – en bois et couverts de bardeaux –, il ne reste essentiellement que des caves et quelques murs réutilisés. Les maisons ont été détruites par le feu ou volontairement abattues au XVe siècle pour les rebâtir. Hormis les fortifications, la cathédrale, le palais et Saint-Pierre, c'est donc l'aspect d'une ville médiévale élevée à partir de 1450, que nous découvrons au Mans, faisant toutefois une distinction entre la construction d'origine de ces demeures et les modifications qui leur furent par la suite apportées.

Dès la fin de l'occupation anglaise du Mans, en 1448, la ville commença à être reconstruite par les commerçants, le long de la Grande Rue, voie principale, arrête dorsale de la cité, prolongée par les rues de la Truie-qui-File, des Trois-Sonnettes, Dorée et de la Galère pour sortir de la ville par le pont Perrin.

Les maisons de négoces, presque toujours en bois, de deux étages décalés en légers encorbellements, pour éloigner de la façade le ruissellement de la pluie, ont une porte contiguë à la boutique destinée à accéder au logement des niveaux supérieurs.

Les boutiquiers, afin d'attirer les regards vers leur négoce, firent sculpter, lors de la construction, les montants de bois devant encadrer l'ouverture de leur future échoppe de personnages fantaisistes ou d'animaux formant d'un poteau à l'autre une petite scène, sans rapport avec le commerce qui y sera exercé, mais seulement destinés à mieux localiser leur magasin.

Outre les sculptures, les commerçants firent régulièrement peindre la façade de leur boutique et du premier étage, de couleurs souvent vives.

La plupart des maisons ne présentaient que de rares et petites ouvertures à un seul vantail par crainte du froid. Le revêtement était composé de longues lattes disposées horizontalement.

Certaines fenêtres de maisons de pierre, bâties pour de riches bourgeois, furent dominées d'une archivolte moulurée se terminant en bouts par des choux frisés, des têtes ou de petits personnages. Le soir, toutes les ouvertures en parties vitrées de losanges sertis de plomb étaient closes d'un volet de bois.

Les courtines des fortifications, tant à l'est qu'à l'ouest, n'étant plus protégées, devinrent l'appui de grandes demeures élevées par ceux qui précédemment les défendaient.

Dans la cité, une répartition des habitants se fit suivant leurs emplois : les commerçants occupèrent les principales voies et les carrefours de passage, les simples citadins logèrent dans les rues secondaires, les membres du clergé se groupèrent autour de leurs églises dans des maisons canoniales, les chanoines de Saint-Julien s'installèrent dans les rues proches de la cathédrale, ceux de Saint-Pierre, non loin de la collégiale.

Les juges du présidial, les avocats et les hommes de loi habitèrent près du palais, les artisans dans le quartier de la rue Dorée, de Saint-Benoît et de la Tannerie. Là, ils purent bénéficier d'un espace plus large, prendre l'eau de la rivière, utiliser le feu plus aisément et faire du bruit en gênant moins les Manceaux.

Mais déjà les quartiers des faubourgs Saint-Nicolas, de la Couture, Saint-Jean, le Pré et Saint-Vincent se développèrent avec la construction d'auberges pour recevoir les voyageurs, leurs voitures et les chevaux, de boutiques et de maisons particulières, sans oublier de nombreux couvents enserrant la cité.

◆ Milieu du XVᵉ siècle

La Fête des innocents

A la cathédrale et à Saint-Pierre-de-la-Cour

Chaque année, trois jours après Noël, les enfants d'aube et les clercs du bas chœur de la cathédrale, fêtaient avec la plus grande joie les saints innocents. Ce jour-là, un monde à l'envers prenait possession des sanctuaires. Les moutards élisaient leur évêque d'un jour, qui, avec une mitre de papier et un simulacre de chape sur les épaules, donnait à profusion des bénédictions. Les autres singeaient les officiants, ils chantaient à tue-tête n'importe quel psaume, tout cela sur fond de claquements de miséricordes. Les chanoines considéraient ce débordement comme un défoulement indispensable aux contraintes journalières. Le règlement canonial prévoyait même un copieux repas servi à tous. Cependant, quelques-uns outrepassaient l'irrévérence autorisée. Le 28 décembre 1449, le prêtre sacristain de Saint-Pierre-de-la-Cour scandalisa les paroissiens en se couvrant le dos d'une peau de veau pour faire la bête dans l'église. Ce même jour, en même lieu, le dénommé Emoran pénétra monté à cheval dans la collégiale où il se conduisit avec irrévérence brandissant d'un air cruel et féroce une épée nue pour faire peur.

Les deux individus arrêtés quelques jours plus tard, enfermés dans la prison de la collégiale, eurent à répondre de leurs agissements. Ils durent fléchir le genou devant l'image du crucifix de cette église, demander pardon et miséricorde à Dieu, en récitant trois fois un psaume et promettant de ne rien faire de semblable à l'avenir.

En 1528, les chanoines de l'église du Mans, réunis en leur assemblée générale de Saint-Julien, interdirent aux enfants d'aube et aux clercs du bas chœur, qui avaient coutume de participer à la Fête des innocents, d'y jouer publiquement toute comédie ou farce sans les leur avoir préalablement fait approuver.

◆ Milieu du XVᵉ siècle

Arnoul et Simon Gréban, dramaturges

Les frères Arnoul et Simon Gréban naquirent au Mans dans la première moitié du XVᵉ siècle et devinrent tous deux auteurs dramatiques. L'aîné, Arnoul, se rendit à Paris où il fut chanoine et organiste de la cathédrale. A la demande des échevinages de Paris et d'Abbeville, il composa un long mystère, celui de *La Passion du Christ*, qui fut publiquement joué vers 1450, sur le parvis de Notre-Dame. Cette œuvre gigantesque qui comporte 34 574 vers – une tragédie classique approche de 2 000 vers – s'étend depuis la création du monde jusqu'à la résurrection du Christ. Elle se divise en quatre périodes : le péché originel d'Adam, la naissance de Jésus, la Passion et la Résurrection.

Le Second Volume du magnifique mystère des actes des apôtres *continuant la narration de leurs faits et gestes selon l'écriture sainte accordée à la profane histoire et légendes ecclésiastiques*, nouvellement imprimé à Paris l'an 1540 de Simon Gréban. Avec cette indication suivante : « *On les vend en la grand'salle du Palais par Arnoul et Charles les angeliers frères tenant leurs boutiques au premier et au deuxième piliers devant la chapelle de messieurs les présidents.* » Médiathèque Louis-Aragon du Mans.

Ce mystère se jouait d'affilée en quatre longues journées ou séparément. Les rôles devaient être tenus par deux cents acteurs avec une grande mise en scène ayant pour toile de fond un vaste décor se déployant du paradis terrestre à Jérusalem.

Une œuvre de cette ampleur, demandant un effort considérable pour les comédiens, une imposante mise en scène avec sa décoration, fut rarement montée. La médiathèque du Mans conserve une partie manuscrite du texte du XVe siècle soit 8 450 vers[24], c'est à croire que ce fut la seule partie du mystère donnée au Mans en 1476.

Arnoul Gréban ouvrit à Paris en 1456 un cours de théologie ; il quitta ensuite la capitale et revint au Mans, dans sa ville natale, pour entrer comme chanoine au chapitre de la cathédrale. Son décès doit se situer vers 1472, année à laquelle il cède vraisemblablement, son canonicat à son frère Simon qui était secrétaire du comte du Maine Charles d'Anjou.

A l'école de son frère aîné, Simon fut aussi dramaturge[25].

Les représentations théâtrales religieuses données au Mans aux XVe et XVIe siècles se jouaient sur une longue scène dressée devant la muraille romaine, partie située entre le palais des Comtes du Maine et la cathédrale, les spectateurs ayant dans leur dos l'église des Jacobins et le mur de l'enclos du monastère[26].

24 / 25 / 26 / **Les +** *de l'histoire* p.225

Enseignes et boutiques médiévales et Renaissance

Les maisons de commerce de la vieille ville, construites en bois à l'issue de la guerre de Cent Ans, le long de la Grande Rue, de ses prolongements vers les ponts Perrin et Yssoir et de quelques rues adjacentes, furent nombreuses. Certaines disparurent, d'autres existent toujours. Elles conservent sur les montants de leurs ouvertures de pittoresques personnages sculptés. Dès l'origine, ces curieuses décorations de groupements d'hommes ou d'animaux, n'ayant pourtant aucun rapport avec les marchandises vendues, étaient toutefois des enseignes commerciales destinées à attirer le regard, tout en guidant les pas des chalands dans le dédale des rues et des ruelles.

Les sujets choisis pour réaliser les enseignes se rapportaient souvent à la religion : sainte Barbe protectrice des maisons contre les incendies, sainte Catherine patronne des notaires, etc. Parfois le sujet retenu était celui d'une fable d'Esope : le renard et le singe, ou celui d'un conte populaire : une vertueuse bergère métamorphosée en truie. Les enseignes reprennent également des portraits comme celui du jeune roi François II et sa mère Catherine de Médicis, la tête enturban-

Les portraits du roi François II et de sa mère Catherine de Médicis, accompagnés d'un ange portant l'écu de France, ont orné depuis 1560 les montants d'une boutique 3 rue Saint-Honoré. Ces sculptures sont désormais dans un musée à Washington. Dessin de Paul Cordonnier-Détrie, 1923. Médiathèque Louis-Aragon du Mans.

née d'un Turc, deux amis se donnant une poignée de mains, une servante d'auberge apportant un pot de vin, ou celui d'un malade conseillé par saint Julien de se faire soigner dans l'hôpital voisin. D'autres commerces aux noms évocateurs, aujourd'hui seulement connus par les archives, devaient également posséder une enseigne : Le Fer à cheval, La Grande Pie, L'Ane rayé, L'Homme sauvage, la Salamandre, les Trois Pucelles, etc.

Si quelques-unes de ces sculptures sont toujours visibles, les peintures qui les décoraient ont disparu. Le rez-de-chaussée et le premier niveau de ces maisons étaient souvent peints, l'étage supérieur couvert de bardeaux de châtaignier.

L'étalage des boutiques du Mans était clos le soir, à l'aide d'étals et d'auvents, les premiers se rabattant, les seconds se relevant, puis ensuite par des volets pliants.

◆ Vers 1460

Maison dite « de la reine Bérengère »

13 rue de la Reine-Bérengère, jadis Grande Rue

La plus remarquable des maisons médiévales de la vieille cité mancelle est celle dénommée « Maison de la reine Bérengère ». Cette maison du XVe siècle avait déjà reçu au début du XIXe siècle le surnom de « Maison de la reine Blanche », puis celui de « Bérengère ». La demeure à la façade en colombage élevée vers 1460 par Jehan Véron, aurait dû, plus logiquement, recevoir l'appellation de « Maison des prophètes », car neuf d'entre eux figurent sculptés sur la façade. Au centre de la sablière se trouve l'aigle, symbole de saint Jean, prophète de l'Apocalypse, tenant dans son bec un phylactère – l'apôtre Jean étant le saint patron du constructeur. Autour de lui se répartissent les bustes de quatre prophètes, au-dessus d'eux quatre statuettes de prophètes en pied.

Jean Véron avait tenu un temps le grenier à sel du Mans, les sculptures de la façade de la maison furent l'enseigne de sa boutique et les fleurs de lys le symbole de la charge royale qu'il remplissait.

Robert Véron, fils de Jean, tint lui aussi le grenier à sel en 1480.

Au XVIIe siècle, Jacques le Corvaisier de Courteilles, conseiller au siège présidial du Mans, habita la maison. Historien, il est l'auteur en 1648 d'un ouvrage sur *La Vie des évêques du Mans*.

Au XIXe siècle, un propriétaire, indigne d'habiter les lieux, vendra les quatre statuettes de prophètes et les quatre sculptures, composant l'Annonciation, de la maison voisine. On doit à la sagacité d'Adolphe Singher, acheteur de la maison en 1890, d'avoir retrouvé ces sculptures en Normandie et de les avoir replacées. Il restaurera les trois maisons contiguës afin de présenter de 1898 à 1910 un fabuleux musée d'art médiéval. Le musée Singher regorgeait d'objets anciens, certains d'une rare qualité, exceptionnellement possédés par un particulier.

Les collections ayant été dispersées en 1912, les maisons vidées furent achetées par la ville pour servir d'écrin à un nouveau musée, qui sera à nouveau dénommé « *de la reine Bérengère* ». Il ouvrira pour la première fois ses portes le 9 juin 1924.

« Fragment d'une maison habitée par la reine Blanche à l'époque des croisades », telle est la légende rédigée pour la gravure de Bayot de 1837, attribuant à la reine Bérengère, qui vécut au XIIIe siècle, d'avoir habité une maison du XVe siècle ! Coll. Etienne Bouton, cliché Dominique Breugnot.

Maisons suspendues mancelles

Si d'aventure pénétrant dans la cour d'Assé, depuis la Grande Rue, vous poursuivez votre périple en empruntant une étroite ruelle, blottie entre deux maisons, vos pas vous conduiront dans l'étonnante rue Saint-Pavin-de-la-Cité. Elle a perdu son église à la Révolution, mais cette rue, dans sa simplicité, vous replonge néanmoins dans le passé.

L'écoulement central des eaux a été conservé par les paveurs, ainsi que les alignements des chasse-roues adossés aux murs.

Dans la rue Saint-Pavin-de-la-Cité, la maison n°3, avec sa porte du XIVe siècle et ses corbeaux de pierre soutenant la sablière de l'encorbellement, est l'évocation de ce qu'étaient les demeures de la vieille ville avant la guerre de Cent Ans.

C'est surtout sa maison suspendue qui surprend les visiteurs, elle traverse haut la chaussée au-dessus des piétons, grâce à l'étroitesse de la rue.

Depuis le milieu du XIXe siècle ce curieux petit logement fascine les artistes, contribuant à sa renommée par leurs dessins, leurs peintures, leurs photographies, dont Robert Doisneau en 1962.

Au Mans, cette maison suspendue ne fut pas unique, une autre, dans le bas quartier de Gourdaine, traversait au-dessus de l'escalier descendant à la cour et à la fontaine de l'Hopitau, nom évoquant l'hébergement des frères hospitaliers.

L'environnement de la fontaine a disparu, mais la source intarissable continue de couler dans le jardin face à la tour Madeleine.

Si, au temps passé, ces petites masures étaient regardées avec dédain, aujourd'hui elles nous charment par leurs pittoresques et leur rareté.

(Page de gauche)
Le passage à la fontaine de la cour de l'Hopitau se faisait également sous une maison suspendue.
Photo de 1872.
Coll. part., cliché Dominique Breugnot.

La rue Saint-Pavin-de-la-Cité, éloignée de la circulation, a gardé son calme et son charme avec sa maison suspendue et à droite la base d'une très ancienne demeure. Dessin de Salmon. Coll. Etienne Bouton, cliché Dominique Breugnot.

◆ 1467

Passages de Louis XI au Mans

10 rue Saint-Pavin-de-la-Cité, hôtel d'Argouges

Le 18 novembre 1467, le roi Louis XI vint s'installer pour quelques mois au Mans, afin de surveiller à distance les opérations de son armée commandée par André de Lohéac, maréchal de France, devant attaquer la ville d'Alençon pour y soumettre son turbulent duc Jehan.

Louis XI n'était pas venu seul, mais escorté de la noblesse de la cour avec leurs domestiques. Pour loger le roi, la demeure nouvellement bâtie par le chanoine d'Argouges archidiacre de Sablé, rue Saint-Pavin-de-la-Cité, fut choisie, parce qu'elle était vaste et à cause du bel air où elle était située. La ville d'Alençon ayant été prise, le roi et sa suite quittèrent la cité mancelle le 28 janvier 1468 au grand soulagement des habitants, la présence de la cour ayant été de 72 jours au Mans.

Deux ans et demi plus tard, Louis XI allant en pèlerinage au Mont-Saint-Michel repassa au Mans, s'y arrêta le 22 août 1470 pour déposer à l'autel de Saint-Julien, une figuration en argent de la ville d'Alençon d'un poids de 200 marcs (50 kilos) accomplissant un vœu fait au Mans durant le siège il y joignit un cierge de 200 livres.

Et en 1481, Louis XI venu derechef au Mans octroya à la ville des privilèges dont voici un extrait : « *En reconnaissance de la fidèle assistance des habitants du Mans, et de la perte supposée pendant qu'il avait séjourné avec son armée au pays du Maine, se souvenant de la peine, du soin et de la diligence que les habitants avaient apporté pour les logements, les provisions et les nécessités de ses troupes, des seigneurs de la cour et des princes du sang, qui étaient en sa compagnie, ayant d'ailleurs égard à leur fidélité et se souvenant également qu'ils avaient impatiemment et contre leur volonté, supporté l'espace de vingt-trois ans le joug d'une domination étrangère, et comme ils s'étaient efforcés de le secouer et de se soustraire de la puissance des Anglais, que même en une entreprise ils avaient taché de remettre leur ville entre les mains des Français, ce dessein, n'ayant pas réussi, on avait confisqué les biens et répandu le sang des plus riches et notables bourgeois.* », signé Louis XI.

Le roi Louis XI, gravure sur bois du XVIe siècle. Coll. Etienne Bouton, cliché Dominique Breugnot.

Louis XI confirma les privilèges accordés par son père Charles VII et octroya plusieurs libertés : « *franchise et privilèges aux Manceaux* » dont ceux d'avoir un maire assisté de six pairs et de six conseillers[27].

27 / **Les +** *de l'histoire* p.225

10 rue Saint-Pavin-de-la-Cité, maison où logea le roi Louis XI, du 18 novembre 1467 au 28 janvier 1468. Sur le fronteau de la porte de l'Escalier, un ange présente de ses deux mains le blason du chanoine d'Argouges. Dessin de Louis Moullin, 1854. Musées du Mans.

La sculpture en gothique flamboyant de la niche est semblable à celles qui ornaient le jubé du cardinal de Luxembourg à la cathédrale. Cliché Dominique Breugnot.

◆ XVe siècle

Statue de Maria-Magdalena de Noël Mérillon

11 rue Bouquet

A l'angle de la rue Bouquet et de celle de Vaux est un montjoie – ou niche de dévotion – stculpté vers 1480 pour abriter, à l'origine, une Vierge, éclairée le soir de quelques chandelles. Aujourd'hui, c'est la figuration en terre cuite de Marie-Madeleine, œuvre attribuée à Noël Mérillon (1622-1691) protégée par une grille[28].

◆ XVe siècle

La maison des Bouju

45 Grande Rue

L'importante maison de pierre du XVe siècle fut celle des Bouju. Elle a intérieurement conservé de cette époque des aigles noirs, éléments du blason familial, peints sur la poutre maîtresse de la grande salle de l'étage. Pierre Bouju fut en 1245 le voyer du Mans chargé particulièrement de la surveillance des métiers et des marchands de la ville. Son fils Pierre fut le capitaine de la tour Orbrindelle, château du Mans.

Au XIVe siècle, les Bouju bienfaiteurs de la maison dieu de Coëffort obtinrent de se faire ensevelir dans la grande salle des malades et d'y être représentés. La famille tint pendant

28 / **Les + *de l'histoire*** p.225

plus d'un siècle une large place dans la judicature mancelle, les uns comme licenciés ès lois civiles, les autres ès lois religieuses. Leur grande fortune provenait de prêts consentis au début du XVe siècle. Au second quart de ce siècle, le fils d'un Pierre Bouju, collabora avec l'occupant anglais. Au XVIe siècle, Thibaut Bouju, lieutenant criminel – magistrat de la Sénéchaussée chargé d'instruire les affaires criminelles – ayant adhéré aux idées de l'Eglise réformée, participa en 1562 au sac de l'intérieur de la cathédrale.

Cette maison de pierre est le modèle d'une maison bourgeoise mancelle de la fin du Moyen-Age. Le linteau de chaque fenêtre de l'étage a conservé à chaque bout les sculptures grotesques qui le terminent. Dessin de Louis Moullin, 1854. Musées du Mans.

◆ XVe siècle

Logis de Pierre de Courthardy

2 rue de l'Ecrevisse

Cette maison, près de l'ancien présidial, évoque le séjour d'un juge au XVe siècle, Pierre de Courthardy ; en effet le comte du Maine Charles IV d'Anjou donna, le 2 août 1472, un terrain « *à son fidèle serviteur Maistre Pierre de Courtardi, licencié en droit, juge ordinaire du Maine et à Renée Lartigue, sa femme, en considération des grans et louables services dudit Pierre de Courthardi et de feu Jehan Lartigue, père de Renée, à la seule charge de paier par chacun an ung chappeau de roses au jour de Penthecouste.* »

Sur ce sol, jadis dépendant du palais, Pierre de Courthardy se fit bâtir un logis composé d'une seule vaste salle par étage, desservie par un escalier en pierre alors placé au devant de la façade. Bientôt Pierre de Courthardy abandonna cette demeure pour se faire construire un vaste hôtel rue du Saumon (rue Courthardy), sur l'ancien hébergement des templiers.

Pierre de Courtardy quitta le Maine en 1486 pour occuper à Paris de hautes fonctions judiciaires, celles d'avocat général au Parlement et de premier président de la Grande Chambre en 1497. Il connut le roi Charles VIII et eut le bonheur de lui plaire. Il décéda dans la capitale, le 25 octobre 1505. Son corps fut enseveli à Chemiré-le-Gaudin. Son fils, également prénommé Pierre, suivit la carrière paternelle.

Ce logis de la rue de l'Ecrevisse fut acquis au XVIIe siècle par le cirier Hallay qui, en 1613, acheta à la municipalité deux constructions romanes voisines, en ruines et dépendant du palais, la salle de Bretagne et la salle aux Singes pour réaliser à son compte une nouvelle rue bordée de maisons de chaque côté. A l'entrée de la rue qui portera son nom, il fit élever un portail sur lequel fut gravée l'inscription : HALLAY, ANGEVIN DE NAISSANCE, ÉRIGEA SEUL CES BÂTIMENTS, POUR LUI SERVIR DE MONUMENT ET DE REVANCHE À SA FORTUNE.

Sur la cheminée de la salle basse, le linteau a des incrustations en pierre de marbre de couleur. Au-dessus, le manteau posséda vraisemblablement un grand tableau enchâssé. Dessin d'Almire Sinan. Coll. Etienne Bouton, cliché Dominique Breugnot.

Les maisons canoniales de la cathédrale

Place du Cardinal-Grente, rue des Chanoines, place Saint-Michel, rue du Doyenné, rue des Chapelains

En 834, l'évêque Aldric imposa aux membres du chapitre de vivre en communauté, mais l'incendie de leur habitation, au XIe siècle, les dispersa.

A chaque chanoine fut alors attribuée une « mense canoniale » (revenu) et proposée une demeure individuelle au loyer de laquelle s'ajoutait un impôt de vinage et de cirage (le vin et la cire) pour célébrer la messe.

Longtemps le nombre des membres du chapitre de la cathédrale du Mans varia : de 16 au IXe siècle à 56 à la fin du XVIIIe siècle.

Pour obtenir un canonicat, il était nécessaire qu'un siège soit vacant. Un vieux chanoine pouvait céder le sien à un neveu ou à un ami, cependant, cet acte de transmission devait être accompli au moins trois mois avant le décès du cédant.

Le portail d'escalier, au ventail de bois sculpté, réalisé au XVe siècle, est celui de la maison canoniale de Saint-Bertrand, détruite en 1843 pour réaliser l'escalier du Jet-d'eau reliant la place Saint-Michel à celle des Jacobins. Dessin de Louis Moullin, 1854. Musées du Mans.

Rue des Chanoines, principale artère des maisons canoniales. On remarque le vestige d'une construction romane, qui fut celle des anciens greniers du chapitre. Dessin de Le Blond, 1848. Médiathèque Louis-Aragon du Mans.

Tout nouveau chanoine devait, avant d'être reçu, verser entre les mains de l'argentier du chapitre des sommes d'argent non négligeables[29]. Il fallait ensuite au nouveau chanoine accomplir sa « douloureuse », c'est-à-dire assister à toutes les cérémonies et prières canoniales de la journée durant 32 semaines. Cela fait, il pouvait éventuellement demander des dispenses pour raisons valables.

Le logement d'un chanoine pouvait être désigné dans l'une des maisons canoniales dont disposait le chapitre ; chacune d'elles portait un nom, souvent celui d'un saint[30].

Les membres du chapitre devaient être assidus aux offices et suivre les processions. Cependant, certains chanoines ne touchaient aucun revenu, car pour eux le titre n'était qu'honorifique. Des rois de France furent chanoines, Charles V dans un acte se déclare chanoine de Saint-Julien, Charles VI, Louis XI, Charles VIII et Louis XIII en 1614, âgé de 13 ans.

Depuis le XVIe siècle, le roi de France, ayant évalué l'importance des revenus des clergés séculier et régulier, jugea opportun d'établir des commandes ecclésiastiques, prélevant le quart de leurs revenus pour en faire bénéficier des membres de son entourage. Les affectataires, plus libres que les autres membres du clergé, étaient cependant soumis à certaines contraintes comme être célibataires et tonsurés.

Au diocèse du Mans, furent notamment bénéficiaires de cette réforme canoniale, Joachim du Bellay, Pierre de Ronsard et Paul Scarron.

29 / 30 / **Les +** *de l'histoire* p.225

Le doyenné de la cathédrale

1 rue du Doyenné

Entre le tunnel et la cathédrale, se trouvait le logis du doyen du chapitre de la cathédrale, c'est-à-dire le représentant des chanoines. Les constructions du doyenné comprenaient le logement du doyen, celui de ses services, une chapelle et une grande salle. Ne subsiste des anciens bâtiments qu'une grande bâtisse un peu austère, élevée semble-t-il au XVIIIe siècle, au tournant de la rue du Doyenné conduisant à la cathédrale.

Le chapitre et les évêques furent les constructeurs de la cathédrale, responsables de ses agrandissements, de son financement et de son entretien. Le chapitre, continuellement présent, devait parer aux imprévus, veiller au respect journalier des offices, organiser les cérémonies, assurer le paiement des prébendes et leurs renouvellements[31].

Le doyen, choisi par l'ensemble du chapitre, en devenait le porte-parole. Certains doyens ayant fait leurs preuves furent désignés pour être évêques. Du IXe au XVIIIe siècles, cinquante-trois doyens se succédèrent, dix-sept d'entre eux furent élevés à la dignité d'évêque dont six occupèrent le siège épiscopal du Mans, particulièrement au XIIIe siècle. Les doyens manceaux revêtaient une soutane rouge, l'un deux, Nicolas, bénit le mariage du roi d'Angleterre Richard Cœur de Lion avec Bérengère de Navarre à Chypre en 1191.

Au début du XVIe siècle, le grand doyen Lézin Cheminart entreprit, secondé par Simon Hayeneufve, de faire une tournée d'inspection dans les soixante-dix églises et cures dépendant du chapitre, conseillant aux curés des travaux d'agrandissement. Ils vérifiaient la tenue des registres, ordonnaient de brûler les vêtements sacerdotaux usagés, les livres incomplets et d'enterrer les statues mutilées[32].

Façade sur rue de l'ancien doyenné reconstruit au XVIIIe siècle. Cliché Dominique Breugnot.

31 / 32 / **Les +** *de l'histoire* p.226

TAMBOUR POMPIER
MACL
69

PARTIE 3

XVIe siècle : La Renaissance

Maison au Mans, 69 Grande Rue, dessinée par Albert Tissandier pour la publication mensuelle *Croquis d'architecture* de novembre 1871. Coll. Etienne Bouton, cliché Dominique Breugnot.

Jusqu'aux dernières années du XVe siècle, les Manceaux furent en contact avec l'art uniquement par les sculptures romanes et gothiques de la cathédrale, par ses vitraux, puis par les enseignes des commerçants.

La toute première manifestation Renaissance parut exceptionnellement très tôt au Mans avec l'Italien Francisco Laurana, qui réalisa la décoration du tombeau soutenant le gisant de Charles d'Anjou, comte du Maine, décédé en 1462, puis au début du XVIe siècle avec le talent et l'impulsion donnés aux artistes locaux par Maître Simon Hayeneufve qui, ayant séjourné de nombreuses années en Italie, fut le relais de l'art décoratif romain dans la ville.

Ce fut alors sur les façades des hôtels de pierre, demeures de personnalités ayant au Mans des responsabilités, une nouvelle ornementation dite en candélabre ou en chute de guirlande qui vint prendre place, particulièrement sur le corps des pilastres à chapiteaux corinthiens encadrant les fenêtres. Des arabesques, des blasons familiaux ou des scènes mythologiques furent sculptés sur l'allège des ouvertures.

La superposition des fenêtres se prolongea au devant du toit par une haute lucarne en pierre au fronton sculpté.

Au Mans, cet art évolua durant une cinquantaine d'années : le décor en candélabre fut remplacé par des rosaces, à la base des pilastres se placèrent des corbeilles, les rosaces cédèrent ensuite la place aux mamelons et aux losanges, les chapiteaux se simplifiant, devinrent des moulures.

Vers 1550, les principes architecturaux de Philibert Delorme, prémices de l'art classique, inspirèrent les architectes manceaux pour établir une décoration dépouillée conservant toutefois les pilastres nus et les chapiteaux.

Les crépis de quelques riches hôtels, dont celui de Vaux, ont parfois supporté des dessins peints aux pourtours tracés et le Grabatoire conserve encore des plombs gravés d'arabesques dorées, signes à cette époque de raffinement.

◆ Début XVIe siècle

Simon Hayeneufve dit « maître Simon du Mans », artiste

Autrefois rue des Trois-Pucelles, puis dite rue du Pilier-rouge

Dans l'enclos du jardin du doyenné, à l'emplacement de l'actuel tunnel, se trouvait, jusqu'en 1870, une simple maison d'un étage, isolée des rues voisines, n'ayant accès qu'au travers d'un porche, faisant face à l'impasse Sainte-Catherine. Là, vécut de 1507 à 1517, maître Simon Hayeneufve, dit Simon du Mans.

Cet homme de grand savoir, né à Château-Gontier en 1450, clerc au diocèse d'Angers, désira poursuivre ses études de prêtrise et enrichir ses connaissances en partant pour l'Italie où, dès le XVe siècle, fleurissait un art renaissant. Imprégné de ce style, il en fut le propagateur dès son retour en France, particulièrement au Mans, ville qu'il choisit pour être son nouveau lieu d'accueil. Il fut moine bénédictin à l'abbaye Saint-Vincent.

Dessinateur, architecte et, dit-on, peintre de portraits, ingénieux en divers domaines, il apporta ses connaissances aux grands projets artistiques manceaux du premier quart du XVIe siècle.

Son contemporain Guillaume Fleury, fit de lui un éloge flatteur : « *Il est le plus grand et excellent ouvrier en architecture que je sache vivant* [...], *serviable à tous en desseings, et pourtraicts au vray antique il est très excellent en ordonnance d'architecture antique, comme on peult veoir en mille*

Dans ce logis de pierre, vécut une dizaine d'années un grand artiste, Maître Simon Hayeneufve, qui par ses connaissances italiennes renouvela au Mans, au tout début du XVIe siècle, l'art resté gothique. Dessin de Louis Moullin, 1854. Musées du Mans.

beaux et bons desseings et pourtraicts, qu'il a faicts en la noble cité du Mans [...]. *Pleut à Dieu que la France en eust dix semblables.* »

On peut encore voir des ouvrages composés suivant ses indications, tels que les grandes orgues de la cathédrale, le reliquaire d'orfèvrerie à Notre-Dame d'Evron, et le Grabatoire. Il collabora également à la chapelle de l'évêché du Cardinal de Luxembourg, à l'horloge astronomique de la cathédrale, à la châsse d'orfèvrerie de sainte Scholastique de Saint-Pierre-la-Cour et sans doute à des modèles de broderies d'ornements.

Simon Hayeneufve seconda le grand doyen Lézin Cheminart lors de ses visites canoniques dans les paroisses, proposant des travaux d'agrandissements d'églises et présentant aux curés, dont ceux de la Bazoge et de Spay, des projets de restauration de moindres importances, dont ceux de tabernacles, en 1506 et en 1509. C'est probablement lui qui ordonna l'architecture de sa demeure, dont les ouvertures étaient moulurées, on pouvait voir sur le fronton de la fenêtre s'étaler la devise latine : OBSEQUIUM AMICOS PARIT 1507 : LA COMPLAISANCE PROCURE DES AMIS. La maison périt de la pioche des bâtisseurs du tunnel.

Simon Hayeneufve se retira à l'abbaye Saint-Vincent en 1528 où il décéda en 1546, âgé de 96 ans.

◆ Début XVIe siècle

Pierre Cochery, libraire

7 rue de la Reine-Bérengère

Dans cette boutique, autrefois située Grant'Rue Saint-Julien, s'installa à la fin du XVe siècle, Pierre Cochery, libraire. Ce fut le premier commerce de ce genre exercé dans la cité mancelle. Cochery édita en 1500 les *Heures de la Vierge Marie, selon l'usage du Mans*, imprimées à Paris.

Il est plaisant d'imaginer les membres du clergé et les intellectuels manceaux, franchissant le seuil de cette boutique pour venir admirer les beaux livres en caractères gothiques agrémentés de gravures sur bois, que venait d'achever d'imprimer à Paris Thielman Kerver.

On a, aujourd'hui, du mal à réaliser l'impact qu'eut à cette époque le livre imprimé. Les ouvrages devant auparavant être recopiés à la main, leurs prix élevés les réservaient à une élite.

Le premier imprimeur qui s'installa au Mans fut, en 1545, Denis Gaignot. De sa presse sortit le *Missel à l'usage du clergé du Mans*, puis quelques années plus tard, en 1554, *Les Coutumes du Maine*.

A Pierre Cochery succéda son fils François, puis ses petits-fils François et Pierre, libraires au même lieu. En 1562, ardents calvinistes, ils prirent part au soulèvement des huguenots manceaux. Les frères Cochery durent abandonner la place en se sauvant à Rouen, tandis qu'au Mans ils furent condamnés par contumace à la peine de mort.

Ce sont les Coustumes du pays et Conte du Mayne / publiees par messeigneurs maistres Thibault baillet Presi- dent et Jehan le lieure conseillier en la court de Parlement a Paris par commission & mandement du Roy nostre sire.

On les vend au Mans chez Denis Gaignot / Mace Vaucelles Francoys cochert Alexandre chouen et Jehan Hotin Libraires du Mans.

M. D. Liiij.

Ce sont les coustumes du pays et conté du Mayne imprimées au Mans par Denis Gaignot en 1554 et vendues par Macé Vaucelles, François Cocheri, Alexandre Chouen et Jehan Hotin. Médiathèque Louis-Aragon du Mans.

◆ XVe et XVIe siècles

Philippe de Luxembourg : un fastueux bâtisseur

Ce visage du cardinal de Luxembourg, assez bien dessiné, a été inspiré par une statue conservé dans l'église d'Epineu-le-Chevreuil, qui pourrait être son portrait, car le personnage porte une chasuble brodée à ses armes. Gravure du XVIIe siècle. Médiathèque Louis-Aragon du Mans.

A Thibault de Luxembourg, évêque du Mans après son veuvage, décédé le 1er septembre 1477, succéda, en tant qu'évêque, son fils Philippe, archidiacre, âgé de 32 ans.

Le goût du nouvel évêque pour les belles choses, aidé des ressources financières que Philippe de Luxembourg reçut de ses commandes ecclésiastiques, permit à la cathédrale Saint-Julien de bénéficier durant une trentaine d'années, d'une manne artistique dont elle avait grand besoin. Il commença par faire l'acquisition d'un grand crucifix d'argent, d'une douzaine de statues d'apôtres en même métal, d'un orgue de chœur surmonté d'un ange en bois doré, des reliquaires, des vases sacrés, des ornements et d'une grosse cloche nommée Julienne.

Promu cardinal le 21 janvier 1495 par le pape Alexandre VI, Philippe de Luxembourg, flatté, voulut laisser à son diocèse un souvenir marquant de son épiscopat manceau, en mettant en chantier dans la cathédrale un jubé de pierre d'une ampleur inaccoutumée, s'élevant à plus de quinze mètres, s'étendant sur trente-huit mètres, fermant le chœur, couvrant les piles de l'inter-transept, retournant même dans le déambulatoire nord.

Tout un peuple de personnages de différentes tailles, groupés par affinité, prophètes, apôtres, saints et saintes, occupèrent des niches, d'un style flamboyant prononcé.

Un retable fut réservé à la vie de saint Julien, à ses miracles, évoqués en quinze scènes. Une autre grandiose représentation destinée à mettre en valeur une minuscule relique du pied de saint Philippe fut supportée par les épaules de deux lions assis.

Le cardinal fit sculpter seize fois le blason des Luxembourg et dix-sept fois sa devise « Memento ». Le jubé terminé quelques années plus tard devint en partie un monument funéraire. D'abord celui de son père, il fut plus tard également le sien.

En 1506, le jubé sans doute achevé, un projet encore plus gigantesque vint à l'esprit

Page décorée du missel du cardinal de Luxembourg, avec ses armes. Médiathèque Louis-Aragon du Mans.

Centre du jubé du cardinal de Luxembourg avec porte d'entrée du chœur de la cathédrale du Mans, réalisé dans les dernières années du XVᵉ siècle à la demande de Philippe de Luxembourg. Gravure réalisée par Eugène Hucher suivant un dessin du XVᵉ siècle. Coll. Etienne Bouton, cliché Dominique Breugnot.

du cardinal de Luxembourg : reconstruire la nef de la cathédrale en l'établissant aux proportions du chœur. Le chapitre enthousiasmé dans un premier temps, refusa le projet. Déçu Philippe de Luxembourg décida de résilier son épiscopat manceau, en faveur de son neveu François et de se retirer à Rome près de Jules II qui désirait l'avoir à ses côtés.

En août 1509, Philippe de Luxembourg partit à Rome pour y résider définitivement, mais son neveu François, évêque du Mans décéda en septembre. Il rentra donc au Mans pour administrer à nouveau le diocèse. Le pape connaissant le cardinal depuis son adolescence à Paris, le désigna pour être son légat en France. Grâce à cette promotion, il put entreprendre des travaux. Il fit rebâtir sa résidence d'Yvré-l'Evêque en un puissant château et fit construire au Mans une remarquable chapelle à l'évêché, œuvre de Simon Hayneufve qui la couvrit d'un dôme surmonté d'une lanterne allumée la nuit pour guider les émissaires du Pape, et fit paver la route reliant Yvré au Mans pour faciliter ses déplacements.

N'oubliant pas sa cathédrale, le cardinal commanda vers 1510, une horloge astronomique dans le bras nord du transept, près du jubé. Une tour en pierre en partie ajourée, indépendante des murs, fut érigée.

Rédigeant son testament le 21 avril 1518, jour anniversaire de ses 33 ans de cardinalat, Philippe de Luxembourg s'efforça de n'oublier personne de son entourage, effectuant de nombreux dons, suivant les besoins et les goûts de chacun.

Le cardinal expira le 2 juin 1519 à l'âge de 74 ans.

Malheureusement, après le sac des Huguenots en 1562, peu de ces richesses furent conservées.

◆ Vers 1510

L'horloge astronomique et ses julianos

Jadis dans la cathédrale du Mans

Du début du XVIe siècle jusqu'en 1768, date de sa destruction, se trouvait dans la cathédrale du Mans une horloge astronomique complétée d'automates. Chaque jour, les prêtres la consultaient pour les renseignements précis qu'elle leur apportait, les curieux de passage pour la rareté et la beauté de sa décoration, quant à la population, elle ne se lassait pas de voir apparaître les personnages ingénieusement activés par un mécanisme invisible.

Le Cardinal de Luxembourg avait en effet désiré, vers 1510, offrir à son clergé la possibilité d'avoir à tout moment l'heure afin que les offices commencent ponctuellement.

Le mécanisme de l'horloge fut inclus dans un monument de pierre, s'élevant comme un pinacle.

L'horloger qui, peut-être, fut Ambroise Cartoufle, traça trois cadrans. Le premier, divisé en 24 heures, était muni d'une seule aiguille. Le second donnait la course du soleil, sa montée et sa descente à l'aide d'une baguette, les lunes et leurs évolutions durant les

Horloge astronomique à automates élevée dans la cathédrale du Mans vers 1510, par les soins du cardinal de Luxembourg. Modèle réduit imaginé par Etienne Bouton en 2002 suivant les écrits rapportés et les éléments conservés au musée du Mans. Coll. Etienne Bouton, cliché Dominique Breugnot.

mois. Le troisième indiquait les grandes fêtes de l'année et celles journalières des saints.

Une partie de la décoration était sculptée sur pierre, en bas-relief, aux motifs assortis de sentences latines : « L'Œil du monde est étincelant », « Ainsi tourne l'année », « Souviens-toi de la mort » ou encore « La vie est chassée par la mort ».

Une autre partie de l'horloge était en bois sculpté et doré, représentant les sept planètes évoquant les jours de la semaine figurés par des dieux de l'Olympe : Diane, Mars, Mercure, Junon, Vénus, Saturne et Apollon. Tout en haut Dieu le Père levait le bras pour bénir ; à ses pieds circulaient les douze apôtres chacun armé d'un battant pour frapper à tour de rôle sur des timbres de notes différentes, égrainant l'hymne de Saint-Julien. Le rappel des jours gras et des jours maigres était indiqué par des personnages qui changeaient chaque nuit : lundi, mardi, mercredi, jeudi, tous de bonne mine, vendredi et samedi d'un visage maigre et dimanche avec un parfait embonpoint. A tour de rôle ils apparaissaient en buste à l'ouverture d'un guichet. A midi le spectacle était complet, le son d'une cloche donnait l'heure, suivi de la bénédiction et du défilé des « julianos ». Comme le spectacle ne lambinait pas, le peuple courait dans la cathédrale avec ses sabots pour ne pas manquer ce que vingt fois il avait déjà vu. Hélas, prétextant que l'horloge perturbait les offices, cet extraordinaire mécanisme fut détruit en 1769, sur ordre de Mgr de Grimaldi. Le musée conserve quelques pierres sculptées provenant de cette horloge.

Panneau sculpté en pierre ayant orné une des faces de l'horloge astronomique, conservé au Carré Plantagenêt. Dessin relevé par Etienne Bouton en 2002. Collection Etienne Bouton, cliché Dominique Breugnot.

◆ XVIe siècle

Les orgues

Cathédrale du Mans

L'ultime don du cardinal de Luxembourg pour enrichir sa cathédrale fut le legs au chapitre de « *200 écus d'or soleil pour l'ayder à faire de belles grosses orgues* ». Son désir prit forme vers 1530. Simon Hayeneufve, à nouveau sollicité, établit l'architecture du buffet de l'instrument enrichi d'ornements en usage à Rome. Ainsi les six vertus ici figurées, tiennent des attributs qu'en Italie on place dans leurs mains.

Les grandes orgues prennent place dans toute la largeur du bras sud du transept. Pierre Bert, le facteur choisi, répartit dans la menuiserie 4 712 tuyaux, 35 présentés en façade, 3 de 23 pieds (soit 7 m 60), rangés dans neuf tourelles, dominées de lanternons.

Les grandes orgues du Mans sont considérées parmi les plus belles du XVIe siècle, des cathédrales de France.

(Page suivante) **Les orgues de la cathédrale**, remplissant toute la largeur du bras sud du transept, sont aussi puissantes que majestueuses. Le projet dessiné du buffet fut donné en 1528 par Simon Hayeneufve ; le facteur Pierre Bert assura le mécanisme de l'instrument et la transmission de l'air aux 4712 tuyaux. Cliché Dominique Breugnot.

◆ Début XVIe siècle

Les escolles Saint-Benoît

67 rue Porte-Sainte-Anne

Au XIIIe siècle, la collégiale Saint-Pierre-de-la-Cour avait créé des « escolles grammaticales ». Celles-ci avaient encore toutes leurs activités au XVIe siècle, sous la dénomination « d'escolles Saint-Benoît », aménagées à l'époque sur cette paroisse, ouvertes aux enfants destinés et disposés aux lettres ; on y enseignait les humanités, la grammaire, la rhétorique et la musique.

Sous le règne de Louis XII, un des maîtres, François Briand, poète et amateur de théâtre, écrivit des mystères et des farces, les mettant lui-même en scène pour les faire jouer à ses élèves qui se produisirent dans la farce *Du procès de paradis* et dans celle de *L'Aveugle et son valet tort*.

Le cardinal de Luxembourg, évêque du Mans au début du XVIe siècle, soutint l'activité de cette école, mais un malencontreux incendie vint soudain interrompre provisoirement l'enseignement.

Le chanoine Jean Dugué, prêtre de l'église du Mans, navré de ce fâcheux contretemps, décida, généreusement, en 1528, de reconstruire de ses deniers les nouveaux bâtiments sur la rue du Portail-Sainte-Anne, au pied de la muraille romaine, pour y abriter les élèves et leurs maîtres. Le principal était tenu de

venir le jour de Pâques, aux vêpres de la collégiale Saint-Pierre, jeter des violettes et lâcher un pigeon blanc ainsi que de verser un cens annuel de 17 deniers.

Dans la seconde moitié du XVIe siècle un autre principal de ce collège, René Flacé, composa des tragédies et des comédies profanes, dont *Ellips comtesse de Salbery*, jouée au Mans en 1579.

La création au Mans du collège de l'Oratoire en 1625 fit perdre à l'école Saint-Benoît sa fréquentation, elle dut joindre son enseignement à celui des Oratoriens, avant de fermer définitivement ses portes en 1652.

Le portail de la cour, entrée des escolles Saint-Benoît, reconstruit ainsi que les bâtiments d'études et de logements en 1528. Simon Hayeneufve fut probablement sollicité pour faire des projets de décoration de façade. Dessin de Louis Moullin, 1854. Musées du Mans.

◆ 1525

Une dispute de voisinage qui entraîne le plus ancien relevé des rues du Mans

104 Grande Rue, 7 rue Saint-Pavin-de-la-Cité

D'un différent survenu entre deux voisins nous est parvenu le plus ancien plan d'un des quartiers de la ville close. Un propriétaire, dénommé Joubert (104 Grande Rue), s'estimant victime et n'obtenant pas réparation par sa voisine, la demoiselle Luday (7 rue Saint-Pavin de la Cité) alla se plaindre au siège royal de la prévôté.

C'était en 1525, par grandes pluies, l'eau crachée avec force d'une gargouille, depuis le haut du toit de la cuisine de la demoiselle Luday, sautait au-dessus de sa petite cour pour tomber sur un cabanon et inonder la grande cour de son voisin.

Pour constater le délit, il était nécessaire de venir par très mauvais temps. Le juge, ne voulant pas se mouiller, demanda à l'expert, Louis Rousseau, de le remplacer en dessinant l'objet du litige. L'expert releva à sa manière, sur un grand parchemin, les rues, les cours et les maisons concernées, mais aussi les bâtiments des proches habitants avec leurs noms, en combinant à la fois plan, élévation et perspective afin de rendre son relevé le plus parlant possible. Il s'attacha parfois à des détails, aujourd'hui totalement disparus, telle une gargouille en plomb en forme de dragon. Ce plan fut annexé au dossier pour le délibéré du jugement rendu par le magistrat.

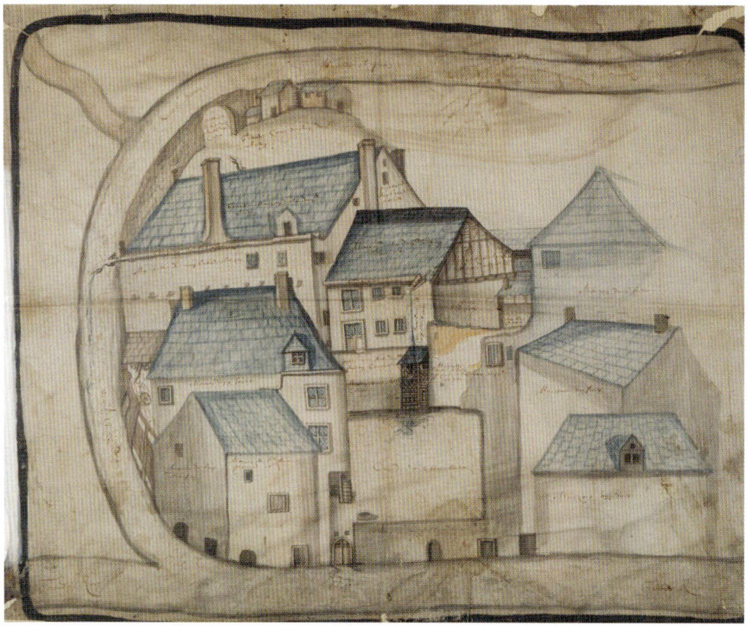

L'origine d'une dispute
en 1525 nous a valu d'avoir le relevé iconographique d'un pâté de maisons de pierre dont certaines sont toujours présentes. Si les gouttières étaient déjà en usage, la descente des eaux par tuyaux n'existait pas encore. Collection Etienne Bouton, cliché Dominique Breugnot.

Les soins attentifs apportés à la construction du Grabatoire durant le second quart du XVIe siècle, son entretien et sa restauration en ont fait la plus belle construction de la cité Plantagenêt. Les plombs garnissant les deux tours étaient primitivement gravés d'arabesques, dorées à l'or fin. Cliché Dominique Breugnot.

◆ 1528-1542

Le Grabatoire

Palais du gouverneur de 1585 à la fin du XVIIe siècle, nouvel évêché en 1907, 1 place du Cardinal-Grente

La splendide construction de la Renaissance, connue sous le nom de Grabatoire – actuel évêché – conserva la dénomination du bâtiment précédant, ayant servi à héberger les clercs malades ou à loger les chanoines, du temps où ils vivaient en communauté.

L'édification de l'hôtel actuel commença en 1528, par Jean de Courthardy, archidiacre de Montfort et continua après son décès par son neveu Anselme Taron qui le termina en 1542.

Un soin particulier fut apporté à l'élaboration de l'édifice, le nom de Simon Hayeneufve fut avancé comme ayant été son architecte. Les encadrements des fenêtres furent parés de sculptures, les plombs des toitures reçurent un décor gravé, puis doré.

Une telle recherche de perfection détourna finalement le monument de l'usage canonial. Il fut loué dès 1585, pour servir d'hôtel aux gouverneurs du Perche, du Maine et du comté de Laval. Ceux-ci l'utilisèrent périodiquement jusqu'à la fin du XVIIe siècle[33].

---

33 / **Les + *de l'histoire*** p.226

A cette époque, les gouverneurs n'assurant presque plus de présence au Mans, le Grabatoire rendu au clergé, devint maison canoniale.

Vendu en 1791 comme bien national, le Grabatoire fut racheté au début du XXe siècle par le chanoine Chanson, qui restaura sa construction, la compléta en rehaussant ses façades de trois hautes lucarnes.

Mgr de Bonfils, chassé de son palais épiscopal, par la loi de séparation de l'Eglise et de l'Etat, dut quitter l'hôtel de Tessé le 17 décembre 1906, pour venir habiter le Grabatoire, encore en cours de restauration.

A Mgr de Bonfils succéda Mgr de la Porte, puis Mgr Grente, en 1918. Ce dernier, élu à l'Académie Française, fut promu archevêque, puis cardinal. Il reçut durant ses 41 années d'épiscopat manceau les plus hauts dignitaires ecclésiastiques de France, d'Allemagne, d'Italie, les nonces apostoliques dont Mgr Roncalli, devenu pape sous le nom de Jean XXIII, canonisé en 2014.

Lames de plomb gravées d'arabesques primitivement dorées sur le lanternon de l'escalier du Grabatoire. Cliché Dominique Breugnot.

◆ 1450 à 1633

On embellit la cathédrale du Mans

Les embellissements intérieurs de la cathédrale furent ralentis durant les vingt-trois années d'occupation de la ville (1425 et 1448) par la soldatesque anglaise. Si ce n'est le vitrage de la grande rose, ils ne reprendront qu'à la seconde moitié du XVe siècle. On édifia d'abord le tombeau du comte du Maine, Charles d'Anjou, décédé en 1472, sculpté par Francesco Laurana, puis les dons généreux du cardinal du Luxembourg permirent d'élever un imposant jubé imagé de multiples scènes sculptées, avec à gauche un grand reliquaire du pied de saint Philippe, et à droite un autel à la Sainte Trinité, des tombeaux en gisants d'évêques, des fonts baptismaux. Ce généreux mécène fit construire une horloge astronomique en 1510 jouant l'hymne de Saint-Julien, offrit de petites orgues dorées et laissa au chapitre par testament deux cents écus sol quatre livres, pour l'édification de belles grandes orgues, au buffet impressionnant qui prit place en 1529, dans le bras sud du transept. En 1509, le chanoine Martin Guérande fit tisser en dix-

Le mausolée de Guillaume Langey du Bellay, vice-roi du Piémont, sculpté par Pierre Bontemps, fut placé en 1557 dans la chapelle de la Vierge. Calque du dessin réalisé en 1695 pour Roger de Gaignières. Médiathèque Louis-Aragon du Mans.

sept épisodes l'évocation des vies des saints Gervais et Protais. Quelques années plus tard, les échevins de la ville contribuèrent au décor de l'église par le don d'une série de grandes pièces de tapisserie, retraçant la mission de saint Julien au Maine. Pour la tombe du vice-roi du Piémont, Guillaume Langey du Bellay, le talentueux sculpteur Pierre Bontemps réalisa un mausolée profane qu'il plaça en 1557 dans la chapelle de la Vierge.

Désirant remplacer une partie des œuvres saccagées par les attaques huguenotes de 1562, le chanoine Pierre Goëvrot fit reconstruire le retable de la chapelle Saint-Pierre. En son centre fut plus tard placé un chef d'œuvre de terre cuite de Germain Pilon « Le Christ ressuscitant[34] ».

Terre cuite que Germain Pilon modela pour guider sa main lors de la réalisation du marbre destiné à la basilique Saint-Denis, actuellement au musée du Louvre. Cliché Dominique Breugnot.

Pour assister aux offices du chœur, les chanoines établirent de nouvelles stalles auxquelles menuisiers et sculpteurs travaillèrent en 1575 et 1576.

Dans les premières années du XVIIe siècle, les chanoines de Saint-Julien remplacèrent le jubé du cardinal de Luxembourg, dégradé en 1562, par un nouveau jubé auquel Gervais de la Barre et Charles Hoyau participèrent.

Gervais de la Barre modela en 1610 les grands personnages d'une *Déploration du Christ* sise dans un enfeu de la chapelle Saint-Pierre. Cette grande scène détruite en 1793 fut remplacée par une autre *Déploration*, initialement réalisée pour les Cordeliers et modelée également par Gervais de la Barre.

34 / **Les +** *de l'histoire* p.226

◆ XVIe siècle

Jean de l'Epine et Marin Cureau de la Chambre, médecins

Maison dite d'Adam et Eve, 69 Grande Rue

Sur la façade de sa maison, Jean de l'Epine fit sculpter des symboles de la médecine dont le centaure Chiron éduquant Esculape. Dessin gravé d'Albert Robidas Coll. Etienne Bouton, cliché Dominique Breugnot.

L'élégant logis renaissance, connu par son surnom fantaisiste de « Maison d'Adam et Eve », offre à la vue des passants une des plus belles enseignes de la vieille ville. Elle représente en fait Bacchus, dieu du vin et Uranus, divinité grecque du ciel. Quatre médecins s'y succédèrent, occupant les lieux pendant près d'un siècle.

Jehan de l'Espine fit richement construire sa demeure de 1520 à 1525, suivant son goût et ses idées. C'était un docte médecin, qui soignait ses patients par des saignées, des purges et des lavements, comme tous les autres praticiens de son temps. Pour lui, il était nécessaire de les pratiquer certains jours, le matin ou le soir, croyant intensément à l'influence de la lune, tant pour soigner les humains que pour le jardinage. Il publia en 1534 un petit almanach indiquant, pour chaque mois, les principes à suivre scrupuleusement.

Son fils vendit la maison en 1556 à un médecin, Denys Goufon ; ensuite et après être passée entre les mains d'un conseiller du tribunal, elle fut acquise en 1603 par un nouveau médecin François Duchesnes, dont l'une des filles, Marie, épousa en 1629 un jeune médecin, Marin Cureau de la Chambre, à l'avenir prometteur. Les jeunes mariés occupèrent un temps la maison en cohabitation avec leurs parents. C'est dans cette demeure que naquit leur fils, François Marin, qui devint à Paris le médecin ordinaire de Louis XIII et de Louis XIV. Il publia divers ouvrages[35] et fut reçu membre de deux académies parisiennes. Décédé en 1669, il fut enterré à Paris dans l'église Saint-Eustache. Son tombeau sculpté par Tuby fut exécuté suivant le dessin donné par Le Bernin.

◆ XVIe siècle

Les piliers corniers colorés de la Cité Plantagenêt

Au XVIe siècle, une des curiosités de l'ancienne cité du Mans était ses nombreux piliers corniers soutenant les étages des maisons de commerce situées en angle de rues, permettant d'avoir une double ouverture d'étals. Quelques-uns de ces piliers furent badigeonnés de couleurs vives, ainsi a-t-on entre autres, le Pilier rouge, angle de la Grand'Rue et de la rue des Trois-Pucelles, le Pilier bleu (pilier aux clefs), angle de la Grand'Rue et de celle de Saint-Honoré, le Pilier vert, angle de la Grand'Rue et de la rue de la Pierre-de-Tucé, près de la rue des Chanoines, formant jadis le côté d'un carrefour appelé de Haut-et-Clair.

La plus vieille mention d'un Pilier vert est de 1534, date indiquée sur la couverture de « *L'almanach de Jehan de l'Espine, docteur en médecine, imprimé à Paris par Jacques Niverd, Imprimeur libraire, juré de l'université de Paris demeurant en la rue de la Juyfric, à l'image de Saint Pierre et en la première porte du palais, pour Pierre l'Asne demeurant audict lieu du Mans en la Grant'Rue près le Pilier vert* ».

Ce Pilier vert a son fût en pans coupés, sculptés de petits motifs et son chapiteau réduit à une simple moulure. Cliché Dominique Breugnot.

35 / **Les +** *de l'histoire* p.226

◆ Vers 1530

Mery Desbois, notaire

Maison de l'Annonciation, 11 rue de la Reine-Bérengère

Lorsque le notaire Méry Desbois désira installer son étude sur l'artère principale de la cité, il acheta un logis blotti entre la demeure de Pierre Cochery et celle qu'occupait Robert Véron. Il fit détruire le vieux logis pour le remplacer par une maison entièrement assemblée de bois, même l'escalier en tourelle sur la cour avait sa vis en chêne. Il profita des côtés de pierre des constructions voisines, pour y incorporer ses cheminées.

Stimulé par la beauté de la maison de Jehan Véron, Méry Desbois voulut pour la sienne rivaliser d'élégance en plaçant, lui aussi, son enseigne sur l'ensemble du premier étage.

Depuis l'époque de la construction de la maison de droite, l'art avait changé. Les sculpteurs au Mans étaient maintenant imprégnés par le style italien.

Sur cette façade des motifs en candélabre décorent les montants de bois, les niches sont surmontées de dômes avec lanternons, comme les tourelles des grandes orgues de la cathédrale. Le sujet central choisi fut celui de l'Annonciation, sainte Catherine, patronne des notaires, étant représentée à gauche et sainte Barbe, protectrice des maisons contre le feu, à droite.

L'enseigne choisie par Méry Desbois pour sa maison fut l'Annonciation figurée sur les montants de la fenêtre – avec la Vierge et l'archange Gabriel – entourée d'un décor sculpté en candélabre. Aquarelle de Georges Dugenet, 1904, alors musée de M. Singher. Coll. Etienne Bouton, cliché Dominique Breugnot.

◆ 1515-1559

Nicolas Denisot, dit le comte d'Alsinoys, poète et peintre

4 rue de Vaux

Nicolas Denisot, troisième fils de Jean Denisot avocat au présidial, naquit au Mans en 1515. Très jeune, il manifesta des dons pour les mathématiques, la calligraphie et le dessin, arts qu'il perfectionna auprès du maître Simon Hayeneufve.

Son talent lui permit d'exécuter des portraits miniatures, dont celui de Marguerite de Navarre, sœur de François 1er. A la demande de Pierre de Ronsard, il réalisa vers 1546 le portrait de Cassandre, miniature que le prince des poètes conserva sur lui toute sa vie.

« Hors de mon sein je tire une peinture
« De tous mes maux le seul allègement
« Dont les beautés par Denisot encloses
« Me font sentir mille métamorphoses »

Très fidèle catholique, Nicolas Denisot combattit avec ardeur les huguenots, tout particulièrement le poète Clément Marot.

Séducteur, Denisot conquit le cœur d'une jeune Valentine. Pour sa bien-aimée, il composa neuf Noëls de 656 vers à chanter, qu'il fit imprimer au Mans, en 1545.

Cette même année, Nicolas Denisot quitta sa ville natale pour rejoindre la cour de François Ier. A Paris il fréquenta le collège de Coqueret où il retrouva Joachim du Bellay, Pierre de Ronsard et Antoine de Baïf, tous instruits par Dorat. A trente ans, Denisot se perfectionna en latin et en grec. La jolie prestance de ce gentilhomme attira sur lui les amours d'une dame qu'il déroba à un prétendant déjà en place. Ce dernier ne supportant pas cette supplantation le menaça.

Nicolas Denisot changea son nom familial par l'anagramme : comte d'Alsinoys. Dessiné par Pelletier d'après une peinture ancienne, lith. Monnoyer, XIXe siècle. Médiathèque Louis-Aragon du Mans.

Afin d'échapper au fil de l'épée de son adversaire, Denisot se sauva en Angleterre. Arrivé outre-Manche, il fréquenta la cour d'Henri VIII, où il fut choisi par le beau-frère du roi pour être le précepteur des trois nièces de la défunte reine Jeanne Seymour.

De retour en France, Denisot fit paraître un recueil d'hommages collectifs : *Tombeau de la reine de Navarre*, auquel collaborèrent Dorat et Antoine de Baïf. C'est pour cet ouvrage qu'il grava le portrait de Marguerite d'Angoulême, reine de Navarre, protectrice des poètes.

S'étant lié d'amitié avec le roi Henri II, celui-ci lui demanda d'utiliser son talent de dessinateur au service du royaume, en espionnant dans la ville de Calais, possession anglaise en France, que le roi désirait assiéger à moindre mal. Vêtu simplement, Denisot s'immisça dans la place ennemie, comme peintre de paysages, à la recherche d'un beau panorama. En fait, il repéra de l'intérieur les points faibles des fortifications, puis expédia secrètement les plans confiés à son neveu Charles Langlois du Vivier. Hélas, celui-ci ayant été arrêté, les plans furent interceptés et Denisot incarcéré. En attente d'être pendu, il chercha un stratagème pour se tirer de prison. Il séduisit la femme du geôlier qui le fit évader et alla ensuite se cacher dans une ferme. Activement recherché, étant à nouveau sur le point d'être capturé, il attendrit la fille du métayer qui, à l'insu de son père, le cacha huit jours dans de la paille, puis facilita son départ. Denisot gagna alors Boulogne-sur-Mer. Arrivé à la cour, il redessina de mémoire les plans qu'il avait relevés. Ainsi le duc de Guise put, en 1558, assiéger la place de Calais qui tomba en quelques jours.

En reconnaissance de la protection que la fille du métayer lui avait apportée, Denisot voulut l'éduquer. Il testa en sa faveur et projeta même de l'épouser.

Denisot mourut en 1559 et fut inhumé dans l'église Saint-Etienne-du-Mont.

L'hôtel de Tucé, maison natale de Denisot, était voisine de celle de Pierre Belon construite en avancée sur rue qui fut détruite en 1950. Aquarelle de Georges Dugenet, 1904. Coll. Etienne Bouton, cliché Dominique Breugnot.

◆ 1527-1555

Jacques Tahureau, poète

Sa maison natale à l'angle des rues Saint-Honoré n° 1 et Saint-Flaceau n° 2

Dans la maison, primitivement romane, placée en angle des rues Saint-Honoré et Saint-Flaceau, jadis très proche du portail de la collégiale Saint-Pierre, naquit en 1527 Jacques Tahureau. Son père, apparenté à la famille du connétable Bertrand Du Guesclin, était un magistrat attaché au sénéchal du Maine, sa mère était cousine du poète Pierre de Ronsard.

Le jeune enfant promu à un avenir brillant, eut sa vie, hélas, trop tôt brisée du mal d'avoir trop aimé. Après une première école mancelle, il fut envoyé à Angers compléter ses études. Ce fut pour lui l'occasion de se lier d'amitié avec le poète Lazare de Baïf, au manoir de la Cour du Pin, près de la Flèche. A quatorze ans il rencontra une tourangelle, Angélique de Gennes, qu'il ne désignera jamais autrement que par le qualificatif « *l'Admirée* ».

L'étudiant, follement épris, composa à l'intention d'Angélique, ses *Premières Poésies*, mais l'Admirée, n'eut pas à son égard les mêmes sentiments. Il lui dédia cependant à nouveau *Odes, sonnets et autres poésies gentilles et facétieuses.*

N'obtenant pas de sa belle ce qu'il espérait, il partit à Rome avec son frère aîné, pour l'oublier. Là-bas il rencontra Joachim du Bellay.

De retour en France en 1553, Jaques Tahureau et Angélique se jetèrent dans les bras l'un de l'autre. Pour sa bien-aimée, il groupa ses *Sonnets, Odes et Mignardises amoureuses*

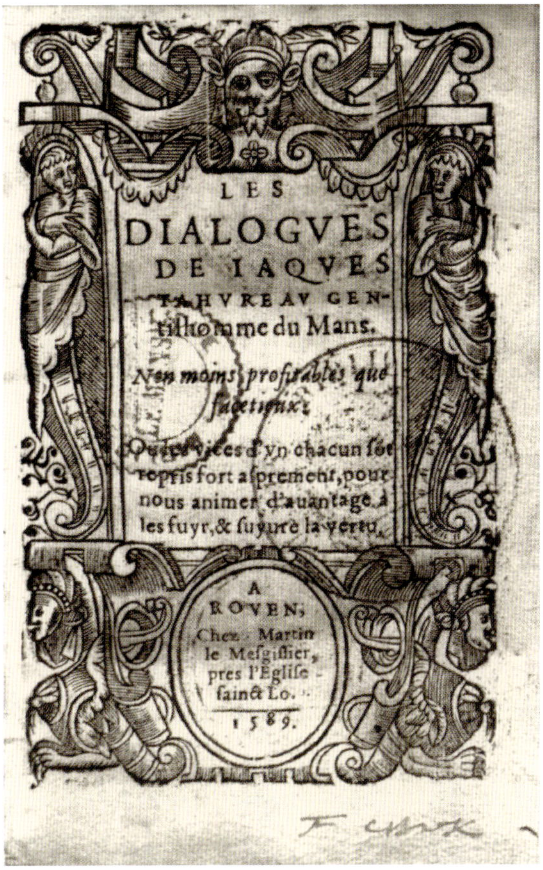
LES DIALOGVES DE IAQVES TAHVREAV GENtilhomme du Mans.
Non moins profitables que facetieux:
Ou les vices d'vn chacun sont repris fort asprement, pour nous animer d'auantage à les fuyr, & suyure la vertu.
A ROVEN, Chez Martin le Mesgissier, pres l'Eglise sainct Lo.
1589.

Page de titre des *Dialogues de Jacques Tahureau gentilhomme du Mans, non moins profitables que facétieux*, édition de 1589. Médiathèque Louis-Aragon du Mans.

à *l'Admirée*. Son ouvrage ne recevant toujours pas auprès d'elle l'effet escompté, la rupture des deux amants fut définitive.

Dépité et quelque peu amer, Jacques Tahureau changea d'intérêt en composant une *Oraison au roi [Henri II] de la grandeur de son règne et de l'excellence de la langue française*, auquel il joignit le 13 avril 1555, six pièces de vers dédiés à Marguerite de France, sœur du roi.

Jacques Tahureau, voulant à tout jamais oublier l'Admirée, épousa Marie Grené en 1555. Son mariage ne l'empêcha pas de transcrire sur papier toutes les rancœurs qu'il avait amassées, sous la forme de conversations entre trois personnages : le Cosmophile, le Mondain et le Démocritic. L'ouvrage critique les femmes, blâme l'amour, méprise la danse, condamne les potions ordonnées par les médecins, dénonce les procédés des alchimistes, des magiciens et des astronomes.

Son ouvrage, ayant pour titre : *Les Dialogues de feu Jacques Tahureau gentilhomme du Mans, non moins profitables que facétieux*, ne parut qu'en 1562, sept années après la mort de son auteur, car le jeune Tahureau décéda de dépérissement, deux mois après ses noces. Ronsard et Baïf, ses amis, célébrèrent ses louanges.

◆ 1524-1585

Pierre de Ronsard, poète et chanoine du Mans de 1560 à 1566

Maison de la Haute Poterne dite « du Pèlerin » 3 place du Cardinal-Grente

La maison canoniale de la Haute Poterne bâtie par Jean de Courthardy au devant de la Cathédrale durant la première moitié du XVIe siècle, communément connue sous l'appellation de « Maison du Pèlerin », fut le logement attribué à Ronsard en tant que chanoine de la Cathédrale du Mans.

Pierre de Ronsard étant né à Couture, alors dans le diocèse du Mans, c'est par son évêque qu'il fut tonsuré clerc en mars 1543. Dessiné par Pelletier d'après des gravures anciennes, lith. Monnoyer, XIXe siècle. Médiathèque Louis-Aragon du Mans.

La Maison de la Haute Poterne, dite « du Pèlerin » fut celle de Pierre de Ronsard, « prince des poètes ». En tant que chanoine de la cathédrale du Mans, il l'occupa épisodiquement de 1562 à décembre 1566. Dessin de Louis Moullin, 1854. Musées du Mans.

Le poète Pierre de Ronsard, né en 1524 à la Possonnière, paroisse de Couture-sur-Loir en limite du diocèse du Mans, ne pouvant faire carrière dans les armes, pour raison de surdité précoce, se tourna vers une faveur que pouvaient obtenir les cadets de familles nobles influentes à la cour : la commande ecclésiastique. Elle donnait le droit de toucher, sans être prêtre, une part des revenus du clergé. Il fallait toutefois être clerc tonsuré, se vouer au célibat, obtenir une attribution et participer annuellement à certains offices.

Après s'être épris de Cassandre Salviati en 1545, puis de Marie Dupin en 1555, Ronsard déjà célèbre par ses nombreux écrits poétiques, ayant vieilli prématurément, jugea opportun d'obtenir alors des titres religieux. C'est ainsi qu'il reçut en 1560 celui de chanoine de la cathédrale Saint-Julien[36].

C'est en avril 1562 qu'il obtint au Mans le logement de la Haute Poterne. Ce même mois, les calvinistes mirent à sac la cathé-

36 / **Les +** *de l'histoire* p.227

drale, brisant le mobilier religieux, dont les stalles, sièges des chanoines dans le chœur. Ronsard, témoin de cette sauvagerie, écrivit un long discours plaintif, *Discours des misères de ce temps*, qu'il adressa à la reine mère Catherine de Médicis, rédigeant son texte au nom de Dieu :

« *Mes églises hélas par force ils ont prises*
« *Foudroyant en poudre images et autels*
« *Vénérables séjours de mes saints immortels* »

Le chanoine poète garda six ans son canonicat manceau, qu'il résilia le 26 décembre 1566 pour en prendre un autre à Saint-Martin de Tours. Il partagea la dernière année de sa vie entre ses prieurés de Saint-Gilles-de-Montoire, Sainte-Madeleine-de-Croix-Val et de Saint-Cosme-lès-Tours où il expira, le 27 décembre 1585 à l'âge de 60 ans.

◆ 1557-1562

Construction de l'hôtel de Vignolles

4-8 rue de l'Ecrevisse

Lorsque Jean de Vignolles, chef des huguenots manceaux, entreprit, au milieu du XVIe siècle, de construire sa riche demeure en plein cœur de la cité, à seulement 50 mètres du palais, il acheta un sol de maison, qui jadis appartint aux comtes du Maine, ceux-ci ne résidant plus au Mans, depuis le décès de Bérengère.

Sur l'emplacement acheté en 1548 à Guy Daron, Jean de Vignolles eut l'audace d'élever un corps de bâtiment assorti de trois pavillons, d'une cour d'honneur et d'une basse cour. Le corps principal ne comportait au-dessus des cuisines, à demi enterrées, qu'un étage, haut de 4,50 mètre, le niveau étant desservi par un escalier à volées droites, le premier de ce genre établi au Mans.

Les hautes fenêtres des étages sont partagées par des montants en bois dispo-

Tête décapitée en 1562 d'une des trois grandes statues d'évêques du jubé du cardinal de Luxembourg de 1495. Coll. Etienne Bouton, cliché Dominique Breugnot.

Cette façade de l'hôtel de Vignolles donne sur la basse cour ; au rez-de-chaussée les cuisines, à l'étage les fenêtres de la grande salle et à droite l'emplacement d'un futur pavillon nord. Dessin de Louis Moullin, 1854. Musées du Mans.

sés en croix de Lorraine, les divisant en six ouvertures. Surmontées d'un fronton triangulaire, elles offraient quelques similitudes avec les fenêtres du Louvre de Pierre Lescot, ce qui valut à la construction mancelle d'être abusivement dénommée « Hôtel du Louvre ».

De l'importante construction projetée, commencée en 1557, ne furent réalisés que le corps central, le pavillon sud et une façade du pavillon ouest, terminant l'encadrement de la cour d'honneur. L'édification de cet hôtel fut arrêtée en 1561, car à cette date se fomenta une insurrection huguenote, dont Jean de Vignolles fut l'un des instigateurs contre le Clergé catholique. Neuf séances du conseil de l'Eglise réformée du Mans se tinrent à l'étage suffisamment vaste pour accueillir un grand nombre de participants.

Le 3 avril 1562 fut le premier jour de la révolte des huguenots, suivi de pillages d'incendies et de massacres.

A la cathédrale, plus d'une centaine de statues du jubé furent décapitées, le trésor d'orfèvrerie spolié, dont la grande et la petite châsse de saint Julien, une *Vierge*, un parement d'autel et le *Christ des rameaux* d'un poids total de 1 424 kilos d'argent et de 61 kilos d'or.

Les huguenots cherchaient particulièrement à retrouver les vieux titres de donations de leurs ancêtres. Ne pouvant les discerner, ils brûlèrent les archives dans le chœur de la cathédrale.

L'hôtel de Sceaux

54 Grande Rue (actuellement conservatoire de musique)

L'hôtel de Sceaux bâti vers 1550, en retrait de la Grande Rue, derrière un alignement de maisons, présente une large façade assez dénudée, rythmée par des pilastres dont les chapiteaux ioniques et corinthiens sont les seules sculptures. La porte est surmontée d'un fronton triangulaire. Ce sobre style dit « colossal » est celui que composa Philibert de L'Orme pour construire le châteaux d'Anet, celui de Saint-Maur-des-Fossés pour le cardinal du Bellay et pour agrandir Fontainebleau. Le chanoine Jean Pérot, maître d'œuvre de l'hôtel de Sceaux, désirait poursuivre l'implantation de son hôtel par une aile en retour, mais son décès en 1563 laissa son entreprise inachevée.

Par succession l'hôtel fut transmis en 1596 à René de Froulay, comte de Tessé. Jehan Fréart de Chantelou, grand prévôt, provincial de la maréchaussée du Maine, en était locataire, lorsque de 1602 à 1610 y naquirent ses enfants : Jean, Roland, Paul et Madeleine.

L'hôtel de Sceaux hébergea la reine Marie de Médicis en 1614 et Gaston d'Orléans, frère du roi en 1626.

L'immeuble passa entre les mains de l'historien Antoine Le Corvaisier de Courteilles en 1653, puis dans celles de Rouxelin d'Arcy en 1722. Il devint, depuis 1882, le siège manceau du Conservatoire national de musique où professèrent Alfred Français, Pierre Cochereau ainsi que Pierre Wissmer, 1er prix de Rome.

La façade de l'hôtel de Sceaux, dont les pilastres disposés au centre de l'espace s'étendent entre chaque fenêtre, rythmant son architecture, s'inspire des principes de Philibert de l'Orme, qu'il appliqua à ses constructions. Dessin de Louis Moullin, 1854. Musées du Mans.

Paroisse du Petit-Saint-Pierre

Au bout du cul de sac prolongeant la rue du Petit-Saint-Pierre, la rampe descendant vers un mur, permettait d'accéder très anciennement à une poterne romaine et à l'église de Saint-Pierre-le-Réitéré. Ce qualificatif évoquait la répétition faite trois fois par saint Pierre niant connaître Jésus. Les Manceaux désignaient aussi cette église, située en contrebas de la rue, du nom de Saint-Pierre-l'Enterré. Un autre surnom, celui de Petit-Saint-Pierre, lui était communément donné pour la distinguer du Grand-Saint-Pierre-de-la-Cour.

L'église, d'une implantation rectangulaire, avait une nef s'étendant jusqu'au-dessus du mur romain. L'autel à la romaine et les stalles furent refaits en 1743.

En 1791, les révolutionnaires descendirent les deux cloches. L'église fut vendue en octobre 1791 et détruite en 1794.

L'écrivain Robert Garnier fut un des habitants célèbres de la paroisse.

Cette demeure, jadis à l'angle de la Grande Rue et de la rue du Petit-Saint-Pierre, montre l'état de beaucoup de maisons de bois de la cité avant la réforme de 1768 obligeant à les crépir. Dessin à l'encre de Julien Chappée, d'après un dessin de Nacisse Le Blond, début XXe siècle. Médiathèque Louis-Aragon du Mans.

Cette vaste construction de la rue du Petit-Saint-Pierre a une origine romane. Elle fut remodelée à la Renaissance, puis au XVIIIe siècle par Mathurin Riballier pour composer l'hôtel de M. Nepveu de Rouillon, maire du Mans. Elle abrite désormais les Compagnons du devoir. Cliché Dominique Breugnot.

◆ 1544-1590

Robert Garnier, dramaturge

Robert Garnier, né à la Ferté-Bernard en 1544, fit profession dans la magistrature comme conseiller au présidial du Mans, puis comme lieutenant criminel de la sénéchaussée du Maine. Lorsque Garnier vint dans la cité mancelle, il habita la paroisse du Petit-Saint-Pierre, sans que l'histoire ait retenu le lieu exact de sa demeure.

Robert Garnier le plus grand dramaturge français du XVIe siècle rédigea sept de ses tragédies paroisse du Petit-Saint-Pierre. Portrait du dramaturge dessiné par Pelletier, lith. Monnoyer, XIXe siècle. Médiathèque Louis-Aragon du Mans.

Robert Garnier avait, déjà adolescent, l'âme d'un poète. Il composa à 14 ans une tragédie *Porcie*, puis, adulte, il rédigera sept autres tragédies en alexandrins toutes publiées et jouées de son vivant. *Les Juives* est sans doute la plus célèbre[37].

Avant Robert Garnier, les représentations scéniques consistaient à jouer des mystères religieux sur les parvis des églises ou des farces burlesques sur les foires.

Garnier innova en incluant dans les tragédies des chœurs inspirés de ceux de l'Antiquité. Il ouvrit la voie théâtrale classique aux futurs grands écrivains du XVIIe siècle.

Si Robert Garnier prit plaisir à rédiger huit drames, il ignorait alors que lui et son épouse, Anne Hubert, seraient un jour victimes d'un acte criminel. En 1583, leurs domestiques, profitant d'une épidémie de peste sévissant au Mans, cherchèrent à les empoisonner, pour piller la maison. Seule Anne Hubert prit le funeste breuvage, mais des soins empressés la rappelèrent à la vie pour encore cinq années. Veuf depuis deux ans, Robert Garnier décéda dans sa paroisse du Petit-Saint-Pierre, le 20 septembre 1590, âgé de 46 ans.

Bienfaiteur du couvent manceau des Cordeliers, il fut enterré dans le bas-côté gauche de l'église. Un grand monument funéraire, sur lequel il figura en buste, lui fut élevé en 1653, dû au ciseau du sculpteur parisien Michel Bourdin[38].

37 / 38 / **Les + *de l'histoire*** p.227

◆ 1589

Henri IV assiège Le Mans

Ce portrait de Henri IV en armure, figuré à mi-jambes, était à l'abbaye Saint-Pierre-Saint-Paul-de-la-Couture jusqu'à la Révolution. Ayant échappé à la destruction révolutionnaire, le tableau du XVIIe siècle est aujourd'hui conservé au musée de Tessé. Musées du Mans.

C'est en souverain, depuis quatre mois seulement, encore mal reconnu comme tel par la population, que le 2 décembre 1589 Henri IV, âgé de 36 ans, pénétra dans la cité mancelle, à l'issue d'un siège de 120 coups de canon.

Désigné par Henri III pour lui succéder, Henri de Navarre, quoique protestant, partit aussitôt à la reconquête des villes françaises aux mains de la Ligue, dont Le Mans était une possession depuis l'an passé.

En effet, le 21 janvier 1588, le capitaine la Motte Sergent, tenant de la Ligue, avait investi la ville avec des gens de guerre, en pénétrant à 4 heures du matin par la porte du Pont neuf ouverte avec de fausses clefs.

Urbain de Laval, seigneur de Bois Dauphin, voulut pour garder la ville la mettre en défense en renforçant la muraille de l'enclos des Jacobins, en incendiant toutes les maisons construites à moins de cent pas des fortifications et en murant le passage de la Vieille Porte.

Henri IV, désirant de son côté soumettre au pouvoir du roi la ville du Mans, s'installa à Yvré-l'Evêque dans le château épiscopal. Il lança à Urbain de Laval, seigneur de Bois Dauphin qui s'était investi gouverneur de la cité au nom de la Ligue, une sommation d'ouvrir les portes. Celui-ci répondit « *que les défenseurs de la place étaient résolus de s'ensevelir sous les ruines plutôt que de se rendre* ».

Le 28 novembre au soir, Henri IV empruntant la route « du Légat » (d'Yvré au Mans) vint en ville loger au monastère de la Couture, tandis que ses soldats suisses construisirent des gabions de branchages qu'ils remplirent de terre pour se protéger de la mitraille.

Enfin le 2 décembre vers 7 heures du matin, les canons de l'assaillant commencèrent à tirer depuis l'enclos des Jacobins.

Le fanfaron Bois-Dauphin dépêcha aussitôt des parlementaires pour négocier une reddition, désirant maintenir en vie sa garnison forte de cent gentilshommes et de vingt enseignes de gens à pieds.

Henri IV exigea 27 000 écus pour payer ses soldats. Ce prompt accord évita la ruine du Mans. Par prudence, pour éviter le pillage par ses troupes, le roi fit fermer les portes de la ville.

Etant resté neuf jours au Mans, le roi et son armée quittèrent la ville le 8 décembre pour gagner Laval.

Les Manceaux mécontents du comportement de Bois-Dauphin qui leur avait inutilement détruit de nombreuses maisons, brûlèrent en effigie « Jean du Maine » personnage imaginaire, censé représenter à lui seul tous les ligueurs. Ils confectionnèrent un mannequin en paille, l'habillèrent et pour donner un semblant de vie à ce simulacre d'humain, ils introduisirent dans la paille une cage de bois enfermant un gros matou. Celui-ci ne manquant pas de s'agiter, animait leur ennemi faisant un peu oublier qu'au bûcher le personnage honni n'était qu'un homme de paille.

La cathédrale Saint-Julien du Mans, vue de l'emplacement de l'ancien enclos des Jacobins dans lequel les soldats d'Henri IV se placèrent pour attaquer la ville. Le monument se présenta à leurs yeux dans toute la magnificence de son chevet épaulé de 18 arcs-boutants prenant assise entre les 13 chapelles rayonnantes. Dessin gravé d'Albert Robidas. Coll. Etienne Bouton, cliché Dominique Breugnot.

A. Robida

◆ Du XIVe au XVIIIe siècle

Le jeu de la Soule

41 Grande Rue, le Pilier rouge

La soule, répandue dans les villages du comté du Maine depuis le Moyen-Age, se pratiquait autrefois de deux façons. On pouvait y jouer librement par jeu en deux camps opposés ; les joueurs étant armés de crosses chassaient une boule en bois ou en cuir, afin d'atteindre un but. Cet exercice public se jouait à des périodes établies : le jour des rois, le Mardi gras, à la Pentecôte, à Noël ou lors d'une fête patronale.

Par ailleurs, un droit seigneurial établi depuis le XIVe siècle, sous Philippe de Valois, obligeait les maîtres de certaines corporations à y participer. Carreleurs, cordonniers, selliers-bâtiers, bourreliers, éperonniers, fourbisseurs, serruriers, tonneliers, corroyeurs et mégissiers prenaient part à ce rite.

Le jour désigné était celui du Mardi gras, les lieux de départs furent divers : l'église de la Couture et la Pelouse. Ce jour-là, au son de la trompette de ville, sonnée trois fois, le maître représentant sa corporation se présentait devant le prévôt et son greffier, tous deux vêtus de robes noires et montés à cheval. A l'appel, le maître, déclarant les nouveaux mariés de l'année dans sa corporation, présentait une boule de cuir ou soule, qui, examinée par le greffier, était ensuite par lui jetée.

Le maître devait biller la soule jusqu'au manoir du Gué de Maulny près de l'Huisne.

A partir de 1369, le manoir de Maulny étant ruiné, le lieu d'aboutissement fut l'auberge de la Croix verte, près du pont de Pontlieue, où l'on servait au prévôt un pâté de crêtes de coq arrosé de vin de Beaugency. Un

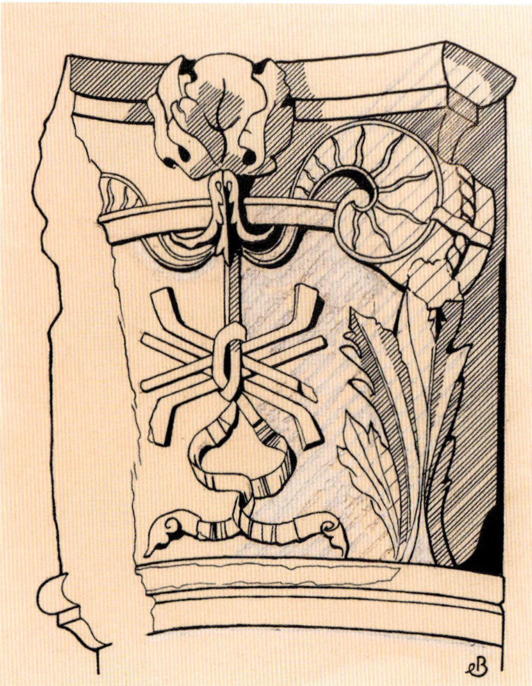

Quatre crosses du jeu de la soule, sculptées sur une des faces du chapiteau du Pilier rouge. Dessin d'Etienne Bouton de1961, cliché Dominique Breugnot.

arrêté du parlement de Paris, du 25 juin 1761, mit fin à cette coutume.

Le poteau cornier ou Pilier rouge, portant sur ses trois faces des crosses du jeu de la soule, fut peut-être, en un temps, le lieu de départ de la course seigneuriale de la soule depuis la cité ou l'échoppe d'un fabriquant de crosses.

Sur les trois faces du poteau cornier, dénommé Pilier Rouge, faisant l'angle de la Grande Rue et de la rue des Trois-Pucelles, des crosses du jeu de la soule sont sculptées. Dessin et gravure de Leger, 1843. Coll. Etienne Bouton, cliché Dominique Breugnot.

ala petites loterie
ala paille davoine
le

PARTIE
4

XVIIe et XVIIIe siècles : Modernité et Lumières

Le XVIIe siècle architectural effleura à peine l'intérieur de la cité, les édiles manceaux hésitant toujours à se doter d'un véritable hôtel de ville, si nécessaire à la cité, malgré les dons de terrains à cet effet par les rois François 1er et Louis XIII. En revanche, un changement de l'aspect des rues se fit au cours du siècle suivant, avec quelques constructions de maisons et d'hôtels ainsi que la modification de certaines maisons anciennes.

Les transformations eurent trois origines : le progrès du verre pour les fenêtres, la crainte d'accidents et de la propagation du feu.

Les véritables « cris de Paris », image populaire composée de quatre bois, gravés par le Manceau Pierre Leloup au début du XIXe siècle. Coll. Etienne Bouton, cliché Dominique Breugnot.

Au milieu du XVIIIe siècle, on put enfin remplacer à un prix abordable les antiques losanges de verre sertis dans une maille de plomb, par de petits carreaux fixés et mastiqués dans des vantaux de bois. Les menuisiers proposèrent non seulement d'élargir les fenêtres mais aussi d'abaisser leurs ouvertures. En quelques années, apparurent aux étages des portes-fenêtres au-devant desquelles furent scellés des gardes corps et des balconnets, en remplacement des allèges. Menuisiers et ferronniers œuvrèrent en conséquence sur de très nombreuses façades.

Le 3 août 1768, les dix grands voyers de la généralité de Tours ordonnèrent, concernant la ville du Mans, « *la suppression, sous un mois, de toutes les enseignes suspendues, des gargouilles saillantes et la disparition des lattes de chêne et de châtaignier revêtant les pans de bois et les colombages, spectacle désagréable, dangereux par leurs chutes et propagateurs d'incendies difficiles à arrêter* ».

Bientôt des enduits de chaux remplacèrent les lattes réprouvées ; les maçons tracèrent même dans le crépi frais, de faux joints pour imiter les pierres ; l'eau des gouttières trouva facilement le chemin des tuyaux pour descendre sans dommage jusqu'au sol.

Un aspect oublié fut celui des ouvertures des rez-de-chaussée, donnant sur rues. Des barres de fer quadrillèrent toutes les fenêtres pour empêcher les pénétrations fortuites dans les demeures.

Au-devant des hôtels, on élargissait, si besoin était, les portes cochères pour faciliter l'entrée des voitures à chevaux.

La ville du Mans se modernisait, négligeant toutefois de canaliser les eaux grasses.

◆ XVIIe et XVIIIe siècles

Les activités de la place Saint-Pierre et la statue de Louis XIV

La place Saint-Pierre, espace le plus vaste de l'intérieur de la cité, fut de tout temps un lieu animé par le va-et-vient de la population. Certains venaient y puiser l'eau, d'autres s'approvisionner en légumes auprès des maraîchères. Les hommes de loi traversaient la place pour se rendre au présidial. Les jours de fêtes religieuses, les chanoines de la collégiale sortaient en procession d'un pas lent, aux bruits assourdissants des cloches. Dans l'église Saint-Pierre de la Cour, on chantait à grand renfort d'assistants les *Te Deum* d'action de grâce. La population venait ici invoquer sainte Scholastique pour obtenir la pluie que réclamaient les plantations, mais aussi parfois pour supplier la sainte d'arrêter l'eau afin d'assainir le temps. On l'implorait le plus fréquemment pour aider les sauveteurs à éteindre les incendies. Sur cette place, on allumait les feux de joie pour participer aux heureux événements : un mariage royal, une naissance princière, une victoire.

Jusqu'au XVIIe siècle c'était encore ici que le bourreau exécutait les sentences judiciaires, la peine au carcan, la marque aux fers, le supplice de l'estrapade, les exécutions capitales.

La gravure de la place Saint-Pierre donne une idée de son aspect au premier quart du XIXe siècle. La fontaine déversait toujours son eau, mais la statue de Louis XIV qui la surmontait au XVIIIe siècle n'est plus là. Coll. part., cliché Dominique Breugnot.

En 1701, les échevins, désirant manifester publiquement leur reconnaissance envers Louis XIV, décidèrent, en conseil, d'élever une statue à la gloire du monarque. On passa au talentueux sculpteur Michel Chevalier la commande « *d'une figure du roi pour être placée sur la fontaine du marché Saint-Pierre, moyennant 60 livres, assorties d'une garantie de 20 ans* ». L'œuvre fut inaugurée dès la fin de l'année et resta en place 90 ans[39].

En 1792, le roi ayant été détrôné à Paris, il le fut aussi place Saint-Pierre. Sa statue fut remplacée par un vase fleuri en pierre. On planta sur la place l'arbre de la liberté au pied duquel le 12 septembre, jour de la fête civique, les hommes coiffés du bonnet rouge, insigne des jacobins, prêtèrent serment à la Constitution. Les grandes dames assistèrent à la cérémonie la cocarde tricolore à leur bonnet.

A la Restauration, la municipalité voulut replacer sur la fontaine une statue du roi, identique à celle de 1701, mais la souscription lancée ne réunit pas l'argent nécessaire.

39 / **Les + *de l'histoire*** p.227

Le bœuf gras villé et le jeudi crève-pots

Au temps jadis, deux manifestations liées au carême se déroulaient chaque année, le Jeudi gras, celle du bœuf gras « villé » et celle de « crève-pots »

Précédé de tambours et de violons, le boucher de la ville, ayant obtenu pour le temps de carême l'autorisation de vendre la viande, se présentait au palais le matin du Jeudi gras avec son bœuf de belle taille tout enrubanné, orné de cocardes et de guirlandes. Le bailli de la prévôté recevait cette joyeuse troupe dans la grant'salle, en dressait procès verbal et, s'il en jugeait bon, autorisait le boucher à « viller » son bœuf gras, c'est-à-dire à le présenter à la population de par les rues de la ville, à la grande joie de tous qui admiraient un bel animal auquel pourtant ils n'auraient pas le droit de goûter. Les autres bouchers, ceux qui durant les 40 jours de carême devaient cesser leur activité professionnelle, escortaient par solidarité le boucher désigné, espérant être choisi l'an prochain pour présenter leur bœuf gras. Mais le roi voulant sans doute entraver des abus constatés, céda à l'hôpital général le droit exclusif de vendre de la viande en carême. Néanmoins les bouchers conservèrent l'antique usage du bœuf villé, promenant de par la ville plusieurs bœufs gras, dont la chair devait attendre la fin du carême pour être présentée sur leurs étals.

Le soir de ce même Jeudi gras, la jeunesse s'adonnait à des espiègleries dites du crève-pots, en brisant les vieilles poteries hors d'usage, ayant autrefois servi aux préparations culinaires. Ces pots étaient lancés contre les portes des maisons, principalement envers celles des personnes qui se fâchaient le plus facilement de ces plaisanteries et contre les maisons des gens remariés sur le tard.

L'ancienne coutume de promener le bœuf gras de par la ville fut toujours l'occasion de réjouissances et de mascarades précédant les restrictions du carême. Image offerte par le Chocolat Louit représentant le cortège du bœuf gras en 1830. Chromo début XXe siècle, © Jean-Paul Dumontier/ LA COLLECTION.

◆ 1614

Accueil triomphal du roi Louis XIII au Mans

Voulant faire bon accueil au jeune roi Louis XIII de passage au Mans, venant de Nantes pour rejoindre Paris, la municipalité, aidée des habitants, avait en quelques jours dressé des arcs de triomphe et pavoisé les maisons, tous les artistes locaux ayant été mis à contribution.

Le roi âgé de treize ans, monté sur un petit cheval, arriva le 5 septembre 1614, escorté du chancelier, du garde des Sceaux, de l'évêque de Reims et de plusieurs princes. A Pontlieue, les clés du Mans lui furent présentées. Sur le parcours vers la ville, 3 000 habitants, rangés en bataillons, furent passés en revue par le duc de Guise, amiral, grand maître de France. Devant Coëffort, le roi franchit un premier arc de triomphe, il monta la rue Basse (rue Nationale), arriva place des Halles (de la République) où un autre arc avait été dressé, près duquel les officiers le saluèrent et l'haranguèrent. Au bas de la rue du Cornet, sur les douze pans d'un kiosque, les douze figures des

En 1880, la ville organisa une grande fête où fut reconstituée l'entrée de Louis XIII au Mans. Le dessin de Jean-Dominique Valnay évoquant cette cavalcade représente le moment où le roi va passer sous l'arc de triomphe des épiciers. Coll. Etienne Bouton, cliché Dominique Breugnot.

rois de France ayant porté le prénom de Louis étaient présentées. Le sien trônait au centre avec celui de la reine mère, ainsi que la figuration de la ville du Mans sous l'aspect d'une femme tenant d'une main une clé, de l'autre un chandelier, symbolisant les armes de la ville.

A la Vieille Porte, se situait un troisième arc de triomphe où un tableau était suspendu entre deux colonnes. Le clergé de Saint-Pierre était présent pour saluer le jeune prince. Puis, un dais fut tenu par quatre échevins au-dessus de la tête du roi, toujours à cheval. Il monta jusqu'à la porte de la Cigogne, où un quatrième arc se dressait. On y voyait le portrait de Marie de Médicis et ceux de cinq figures de femmes évoquant des pays européens : l'Italie, l'Angleterre, l'Allemagne, la Suisse et les Flandres.

Le cortège s'achemina tout au long de la Grande Rue, vers la cathédrale, au devant de laquelle un nouveau kiosque octogonal était placé, entouré de huit obélisques. On y retrouvait les images des douze rois de France. Là, un concert en plein air fut donné.

L'évêque Charles de Beaumanoir présenta au roi le surplis et l'aumuce, symbole des chanoines de Saint-Julien. Marie de Médicis ayant suivi en carrosse le même parcours fit avec le roi une entrée solennelle dans la cathédrale, où un *Te Deum* fut chanté.

La caravane royale resta au Mans jusqu'au 9 septembre. Le roi coucha quatre nuits à l'évêché.

Gravure sur bois du roi Louis XIII le représentant adolescent, âge auquel le jeune souverain vint au Mans. Coll. Etienne Bouton, cliché Dominique Breugnot.

Le Papegault : un exercice de tir populaire

Tour square de la rue Robert-Triger

Les attaques répétées contre la cité mancelle durant la guerre de Cent Ans incitèrent par la suite les habitants à se défendre eux-mêmes. Se constitua au Mans, comme dans d'autres villes, une société de tir, pour éduquer l'œil et la main des simples citadins. Cette société, déjà très active au début du XVIIe siècle, désira s'exercer devant le jeune Louis XIII, dans la cour de l'abbatiale de la Couture. Guillaume Masnier, hôte de l'auberge de la Fontaine, sortit vainqueur du tir à l'arquebuse. En récompense le roi lui offrit une épée.

La compagnie mancelle, placée sous la protection de la ville, dans laquelle bourgeois et marchands s'exerçaient, avait pour nom

Epée offerte par le jeune roi Louis XIII à Guillaume Masnier, vainqueur du tir à l'arquebuse, le 8 septembre 1614. Musées du Mans.

celui du « Papegault », c'est-à-dire « perroquet », pape des volatiles par ses couleurs. La compagnie constituée de chevaliers et d'un commandant prenant le titre de « roi du Papegault » se réunissait après vêpres, à partir du premier dimanche de mai. On tirait un oiseau de carton ou de bois peint, piqué en haut d'une perche, à l'arc ou à l'arbalète, plus tard à l'arquebuse. Celui qui achevait de détruire l'oiseau, recevait comme prix la jouissance de quelques privilèges.

Chaque nouvel adhérent devait payer en entrant dans la compagnie du Papegault 3 livres 4 sols. Un greffier tenait le registre des délibérations de cette société. On y apprend notamment qu'un certain Gruau avait en 1661 abattu trois fois le Papegault, ce qui lui valut l'honneur de marcher dans les défilés à la gauche du roi de la compagnie. Ce même Gruau, devenu roi du Papegault en 1670, reçut de la ville l'exonération de payer certains droits durant six mois, comme celui de la taxe sur le vin. Les commis royaux contestèrent ce privilège, mais la ville soutenant Gruau lui accorda 40 livres pour l'aider à confirmer ses doits devant la justice.

Une tour médiévale à proximité du château a pour nom « tour du Papegault ». C'était sans doute au pied de celle-ci que les chevaliers s'exerçaient régulièrement.

Dans le courant du XVIIIe siècle, les compagnies du Papegault, ayant perdu de l'intérêt, furent supprimées en France[40].

Le pied de la tour dite du Papegault était vraisemblablement le lieu où se regroupaient chaque dimanche les tireurs pour abattre l'oiseau de carton. Cliché Dominique Breugnot.

40 / **Les +** *de l'histoire* p.227

◆ 1re moitié du XVIIe siècle

Charles Hoyau, sculpteur modeleur

Rue de Gourdaine, maison détruite

En contrebas de la muraille romaine, le long de la rue de Gourdaine menant à l'église du même nom, habitaient de nombreux artisans. Dans l'une des maisons (aujourd'hui disparue pour dégager la muraille) demeura un des plus talentueux sculpteurs manceaux du XVIIe siècle, Charles Hoyau. La production de cet artiste fut importante, quoique son activité semble avoir été de courte durée. Ses statues étaient façonnées de terre glaise, cuites dans un four de potier, et enfin peintes et partiellement dorées. La qualité de la production de Charles Hoyau fit sa renommée, aussi reçut-il commandes d'églises, de monastères et de la cathédrale du Mans pour l'ornementer. Il est toujours possible d'admirer dans cet édifice sept statues de Charles Hoyau parmi lesquelles celle de Sainte-Cécile[41]. La maison atelier de l'artiste, située au devant de la muraille, disposait à l'arrière d'une cour qui lui permettait d'entreposer des baquets de glaise, matière première utilisée par l'artiste.

Charles Hoyau a modelé pour la cathédrale une statue de Saint-Etienne en terre cuite. L'artiste a donné au visage de cette statue, un air triste, comme si Etienne entrevoyait le martyre qui lui sera réservé. Cliché Dominique Breugnot.

---

41 / **Les +** *de l'histoire* p.228

Cette rue au caniveau central est la rue de Gourdaine. Elle conduit à l'église et à la porte Samson. Charles Hoyau habita une maison à droite. Dessin d'Almire Ruillé, 1847. Médiathèque Louis-Aragon du Mans.

◆ 1610-1660

Paul Scarron, poète satirique

Place Saint-Michel

La cité fut au XVIIe siècle, durant six à sept années, le séjour manceau du poète burlesque Paul Scarron. Né à Paris en 1610, il prit à 19 ans, le petit collet des clercs pour entrer en qualité de commensal au service de l'évêque Charles de Beaumanoir, qu'il suivit au Mans en 1634. Là, Scarron se lia d'amitié avec la famille de Lavardin, le comte de Belin, l'archidiacre littérateur Pierre Costar, ainsi qu'avec quelques beaux esprits de la province.

Portrait de Paul Scarron dessiné d'après nature et gravé par Jean Daret. Coll. Etienne Bouton, cliché Dominique Breugnot.

Le peintre Pierre-Denis Martin, auteur de la série des peintures illustrant vers 1720 *Le Roman comique* pour le maréchal de Tessé, **portraitura Ragotin**, principal personnage, le col garni d'un plastron de dentelle. Le visage de Ragotin est courroucé, il tient son chapeau qui a été coupé par la Rancune, pour délivrer la tête de Ragotin prisonnière. Henri Chardon a identifié Ambroise Denisot pour avoir été pris comme modèle par Scarron pour son Ragotin. Musées du Mans.

En 1635, Scarron accompagna son évêque à Rome, où il rencontra Fréart de Chambray et Nicolas Poussin. De retour au Mans, il logea à l'évêché et au château d'Yvré-l'Evêque. Mgr de Beaumanoir nomma Scarron chanoine de la cathédrale le 18 décembre 1636, lui octroyant une prébende, celle du défunt François Melot. Scarron ne put immédiatement l'obtenir, contestation ayant été faite par Julien Melot, neveu du chanoine, précédent bénéficiaire. Le procès que Scarron intenta pour obtenir la jouissance de sa prébende ne lui donna raison qu'en 1640.

En 1641, Scarron perclus de douleurs songea à quitter Le Mans pour n'y revenir que six semaines, le 14 janvier 1646. Durant ce court séjour, il logea place Saint-Michel, dans une demeure qui ne fut jamais la sienne, mais celle d'un de ses confrères, le chanoine Gabriel Lecomte.

Lors de ses présences au Mans, Scarron rédigea avec esprit de nombreux madrigaux satiriques, mais pas d'œuvres principales. Il observa surtout le monde qui l'entourait, notant avec amusement les travers des Manceaux qu'il mit à profit pour écrire plus tard son *Roman comique*, se déroulant dans le Maine. De retour à Paris, Scarron, condamné à demeurer rivé dans un fauteuil de malade, se consacra à l'écriture de poèmes burlesques, de comédies, de pamphlets, d'odes et d'épîtres[42].

Quelques-unes des comédies de Scarron, représentées de son vivant à l'hôtel de Bourgogne, inspirèrent Molière.

Scarron décéda à l'âge de 50 ans, à Paris le 6 octobre 1660. Il avait, au début de l'année 1652, résilié son canonicat, pour épouser en avril Françoise d'Aubigné. Cette dernière, devenue veuve, épousa en secondes noces Louis XIV, qui lui donna le titre de marquise de Maintenon.

---

42 / **Les +** *de l'histoire* p.228

◆ 1re moitié du XVIIe siècle

Ambroise Denisot, une inspiration pour Scarron

Maison dite des Deux Amis, 18 rue de la Reine-Bérengère

La maison dite « des Deux Amis » a la particularité d'être au Mans une des plus anciennes doubles demeures de la cité. Rebâtie en bois avec soin à l'issue de la guerre de Cent Ans, vers 1450, sa construction fut entreprise par deux commerçants représentés en sculpture au centre de la façade, scellant leur amitié par une poignée de mains.

Ces deux amis devaient, en fait, être deux frères, car au-dessus d'eux un écu familial commun est placé, sur lequel se devinent trois

Reloger Ragotin dans sa vraie demeure, c'est un peu redonner vie au *Roman comique*. Maison des Deux Amis, tous deux commerçants, scellant leur amitié par une poignée de mains. Cliché Dominique Breugnot.

Portrait présumé d'Ambroise Denisot, modèle supposé de Ragotin, personnage du *Roman comique* de Scarron, vers 1655. Musées du Mans.

aigles sculptés. Chacune des demeures avait son entrée et sa boutique particulière avec un escalier central commun. Un colporteur au service du marchand de droite est ici représenté, portant au dos la marchandise empaquetée dans un ballot, dont la courroie passe frontalement sur son bonnet.

Sur le montant gauche de la maison, un homme nu était autrefois sculpté, le personnage disparut lorsque l'on mit sur la devanture des volets pliants.

Durant la première moitié du XVIIe siècle, Ambroise Denisot, homme vaniteux et grotesque, habitant dans la moitié de la maison, eut dans la boutique de droite son étude d'avocat. Etant également secrétaire de l'évêque Mgr de Beaumanoir, Paul Scarron le rencontrait fréquemment à l'évêché. L'illustre écrivain observa tous les travers de Denisot pour en charger Ragotin, personnage central du *Roman comique*. Les armes de la famille Denisot, Trois épis de blé d'or sur fond d'azur, sont peintes sur une face de la principale poutre de la salle basse ; en-dessous, une devise est peinte en lettres grecques que l'on peut traduire : « A TOUT MORTEL EST DESTINÉ LE TRÉPAS ».

◆ XVIIe et XVIIIe siècles

Leprince et Le Romain : deux ciriers manceaux renommés

14 rue de la Reine-Bérengère (jadis Grande Rue) et rue de l'Herberie

La maison située 14 rue de la Reine-Bérengère fut vouée durant près d'un siècle et demi au commerce du luminaire en cire. Déjà, avant 1643, lorsque Julien Hossard acheta l'immeuble, Jean Mairesse y était ciergier du chapitre de la cathédrale. Cinq générations d'une même famille Hossard-Leprince se succédèrent ici jusqu'en 1761 pour procurer aux habitants et au clergé de quoi s'éclairer. Jean Leprince conclut en 1694 un traité avec le chapitre de Saint-Julien, pour la fourniture de tout le luminaire de cette église.

L'habileté des ciriers manceaux dans la fabrication des bougies et leur désir d'exporter leur marchandise firent connaître l'industrie de la cire mancelle au-delà des frontières françaises. Jean-Baptiste Leprince (1711-1781) présente une enveloppe munie d'un cachet de cire. Coll. part, cliché Dominique Breugnot.

Ses descendants fournirent en bougies les propriétaires d'importants hôtels et de châteaux – dont celui de la Muette propriété du roi – et offraient aux Parisiens la possibilité d'acheter leurs bougies dans une boutique de la capitale. La réputation des bougies mancelles était de ne pas fumer et d'être blanches pour satisfaire le goût de la noblesse, ce qui impliquait de n'employer que de la cire d'abeille pure. Pour blanchir la cire, il était nécessaire de la couper en copeaux, de l'exposer sur des claies tendues de toile plusieurs nuits aux actions de la lune et à la rosée du matin, de la faire ensuite fermenter en magasin durant quatre à six semaines et de la réexposer au soleil qui dissolvait les substances grasses jaunissantes. Les prairies sur lesquelles la cire était exposée recevaient le nom de blanchisseries, celles des Leprince étaient à Beaulieu[43].

A la vente, la cire blanche coûtait une demi fois plus cher que la cire jaune, pour un même pouvoir d'éclairage.

43 / **Les + *de l'histoire*** p.228

A l'étranger les bougies mancelles éclairaient les palais portugais et espagnols. Elles traversèrent même les mers pour pénétrer dans les colonies d'Amérique. En une seule année, le Mans fournit 45 000 livres de bougies à la Compagnie des Indes !

La population mancelle gagnant le quartier de la Couture, Jean-Baptiste, Jacques Leprince jugea opportun de déplacer en 1761 son commerce place des Halles, dans un hôtel qu'il se fit construire touchant le couvent des Visitandines. A la génération suivante, en 1778, le négoce des bougies de la fabrique Leprince changea à nouveau de lieu pour rejoindre le 26 rue du Puits-de-quatre-Roues (actuellement rue du Docteur-Leroy).

Le progrès apporté à l'éclairage par les lampes à huile dites quinquets ruina le négoce des bougies. La dernière boutique des Leprince ferma définitivement en 1806.

Au Mans, un autre atelier de cire, celui des Le Romain-Orry, installé, depuis 1696, sur la paroisse de Sainte-Croix, au lieu-dit « Froide-Cuisine », avait sa blanchisserie de cire à l'Herberie, sa boutique de vente étant rue de la Perle. La fabrique Le Romain, concurrente de celle des Le Prince, disparut à la fin de l'Empire.

◆ 1599-1662

Julien Bodereau, auteur

47 rue de la Galère (ancienne rue Dorée)

Jusqu'à la rédaction du Code Napoléon, les actes notariés et les jugements des magistrats étaient rédigés et rendus différemment dans chaque province. Se référant aux coutumes locales, le recueil des usages s'appelait ici *La Coutume du Maine*. Un avocat manceau, Julien Bodereau, rédigea *Les Coutumes du païs et comté du Maine* assorties de commentaires. On trouve dans la préface les antiquités du pays du Maine et les privilèges de la ville du Mans. Ce précieux ouvrage fut imprimé à Paris en 1645. Julien Bodereau peaufina son travail par des remarques en 1656 et en 1658. Ce juriste habitait sur la paroisse de Saint-Benoît 47 rue Dorée, actuellement rue de la Galère. Sa maison fut reconstruite en 1742. Il fut l'un des ancêtres de Mathieu Chesneau Desportes.

Le nom de Julien Bodereau resta célèbre dans la magistrature mancelle pour avoir commenté les coutumes du Maine. Portrait de Julien Bodereau, XVIIe siècle. Musées du Mans.

◆ XVIIe siècle

Les frères Fréart, au service des arts Roland Fréart de Chambray (1606-1676) et Paul Fréart de Chantelou (1609-1694)

Hôtel Pérot 5 rue Saint-Honoré

L'hôtel Pérot, caché derrière l'alignement des maisons de la rue Saint-Honoré, fut dans son temps une belle habitation dans laquelle vécut au XVIIe siècle un personnage de tout premier plan, Roland Fréart de Chambray.

L'hôtel édifié par Charles Pérot, seigneur de Vernie, et Marie Prieur, durant le premier quart du XVIe siècle, se remarque par les fines sculptures des jambages de ses fenêtres où apparaissent leurs armes. Il fut ensuite occupé par leur fils Christophe Pérot, grand sénéchal du Maine.

Un siècle plus tard, l'hôtel fut entre les mains de Madeleine Fréart, épouse du sieur de Lorière. Suite au décès de Madeleine, son frère Roland Fréart, dit « M. de Chambray », vint y loger en 1645. Il y resta vraisemblablement jusqu'à son décès en 1676.

Ce personnage, né au Mans en 1606, eut avec son jeune frère Paul, une vie inattendue, que ne lui réservait pas sa naissance en province.

Roland était doué pour les mathématiques, la géométrie, la perspective, l'étude des plans. Il avait l'esprit d'un architecte, le goût et le jugement. Quant à son frère, il aimait la peinture et gravait.

Vers 1635, tous deux curieux de voir les architectures romaines se rendirent à Rome pour étudier l'art. Durant leur séjour, ils firent la connaissance de peintres de renom comme Claude Lorrain et Nicolas Poussin.

Portrait de Roland Fréart de Chambray, le savant architecte de la rue Saint-Honoré, où il demeura trente ans. Dessiné par Pelletier, lith. Monnoyer, XIXe siècle. Médiathèque Louis-Aragon du Mans.

En septembre 1638, un de leurs parents, François Sublet de Noyers, en charge de la surintendance des bâtiments du roi, ayant besoin de commis auxquels il pouvait avoir une entière confiance, fit appel à ses cousins du Mans, qu'il chargea d'importantes missions telles que le renforcement des fortifica-

Gravure du tableau « L'Extrême-onction » peint par Nicolas Poussin en 1644 pour Paul Fréart de Chantelou. Coll. Etienne Bouton, cliché Dominique Breugnot.

tions des villes frontières de l'Est et des ports sur la Manche.

Sur le souhait de Louis XIII et de Richelieu, ils furent également missionnés pour aller chercher Nicolas Poussin à Rome afin de le ramener à Paris pour qu'il décore une galerie de 442 mètres reliant le vieux Louvre aux Tuileries. Roland Fréart en profita pour prendre le plus possible d'empreintes en plâtre ou en creux de sculptures antiques pour orner la galerie et pour glaner des renseignements nécessaire à l'écriture de son livre *Parallèle de l'architecture antique et de la moderne*.

De son côté, Paul Fréart de Chantelou côtoya des artistes tels que le Bernin, commanda à de jeunes peintres français, Mignard et Le Maire, six copies d'œuvres de Raphaël, Carrache et Le Parmesan.

Les voyageurs se lièrent d'amitié avec un collectionneur italien, le Cavalier del Pozzo, qui leur offrit une copie du *Traité de la peinture*, de Léonard de Vinci, dont plus tard Chambray donna la traduction.

Arrivé à Paris à la fin de l'année 1640, Nicolas Poussin esquissa des projets pour la galerie du Louvre, mais sollicité de toute part, le travail n'avança guère et il préféra repartir pour Rome.

Suite au décès de Richelieu et de Louis XIII, le projet de décoration de la galerie fut abandonné, et Roland Fréart regagna Le Mans, rue Saint-Honoré.

Paul Fréart de Chantelou échangea une importante correspondance avec son ami Nicolas Poussin à qui il commanda quatorze tableaux, qu'il reçut de 1639 à 1662 et qui furent les perles de sa galerie parisienne[44].

Les religieuses des Ursulines, venues au Mans en 1621, décidèrent de construire leur couvent. Ayant fait appel au talent de Roland Fréart, il traça les plans, soumit un mémoire et un devis le 27 novembre 1657, pour tous les bâtiments neufs et pour la chapelle. C'est dans l'élévation de ce monument religieux qu'il put appliquer ses principes de l'architecture antique.

L'architecte proposa une église octogonale, avec une voûte couverte d'un dôme demi- sphérique, surmonté d'un lanternon. Il choisit l'ordre ionique, le plus sobre, avec pilastres, frises et corniches, le tout restituant suivant son goût une basilique romaine. Les travaux furent achevés en mars 1660.

En 1665, Colbert réclama les deux frères pour accueillir le grand sculpteur-architecte Le Bernin, désigné lors d'un concours pour composer une façade au Louvre. Paul Chantelou, parlant admirablement l'italien, fut son mentor, tandis que Roland de Chambray fut un des rares personnages admis à juger les plans de l'architecte italien. Toutefois, Le Bernin, constatant de multiples difficultés entravant sa future construction au Louvre, préféra abandonner le projet[45].

Le 11 décembre 1676, Roland de Fréart fut inhumé au Grand Cimetière du Mans, âgé de 70 ans.

Malgré leurs dévouements, les malheureux Roland et Paul Fréart ne réussirent pas à faire aboutir les grandes missions royales qui leurs avaient été confiées.

Chapelle Sainte-Catherine au grand cimetière du Mans (quartier Chanzy-la Mariette). Roland Fréart de Chambray fut enseveli dans l'entrée de cette chapelle le 11 décembre 1676. Vue cavalière du grand cimetière 1641, archives hôpital du Mans IV-C-4. Dessin relevé par André Bouton. Coll. Etienne Bouton, cliché Dominique Breugnot.

44 / 45 / **Les + de l'histoire** p.228, 229

◆ 1609-1683

Pierre Ragot : un saint homme

Son presbytère, impasse Sainte-Catherine

La paroisse du Crucifix de la cathédrale avait la particularité d'avoir deux curés en titre depuis une fondation de prières, faite au XIIe siècle par Henri II Plantagenêt, roi d'Angleterre, pour honorer la tombe de son père Geoffroy. Ces deux prêtres devenus curés du Crucifix, leur action pastorale alternait chaque semaine. Leurs logements se situaient dans deux presbytères, l'un étant rue des Chapelains, l'autre non loin du palais, impasse Sainte-Catherine, face à la chapelle du Gué-de-Maulny. Dans celui-ci logea de 1653 à 1683 le curé Pierre Ragot au comportement charitable, mais sans retenue.

Né au Mans en 1609, il était issu d'une famille de 24 enfants, que le père, tailleur de son état, avait grande peine à nourrir. Pierre Ragot, ayant dans son enfance connu la misère, consacra sa vie d'adulte à soulager celle des autres. Prêtre à 34 ans, curé du Crucifix dix ans plus tard, il profita du temps de liberté que lui apportait l'alternance de sa paroisse pour quémander de l'argent auprès des familles les plus fortunées du Mans et de Paris où il partait à pied, pour les solliciter.

Ragot usait parfois de procédés que la justice aurait dû condamner. Ainsi pénétrait-il de force chez les particuliers, sachant qu'on y jouait gros jeu, pour s'emparer, sans vergogne, de la cagnotte au profit de ses pauvres. Il pratiquait de même envers les comédiens dont il détestait la profession. Voulant que le monde soit vertueux, il s'opposait chaque année aux mascarades du Mardi gras, qu'il prétendait immorales.

Invité à dîner ou à souper chez des particuliers, tout comme chez l'évêque, il exigeait avant le début du repas, que l'on retira des plats les meilleurs morceaux, pour les porter aux malheureux dans une maison qu'il avait

Pierre Ragot, curé de la paroisse du Crucifix de la Ville du Mans, de 1653 à 1683, dessiné et gravé par Jean Boinard, à qui Ragot serait, après sa mort, apparu une nuit, et que l'artiste aurait dessiné à la seule lumière du halot qui l'entourait. Musées du Mans.

à Isaac. Malgré ces procédés exagérés, il trouvait des amis parmi les gens du monde.

Etant sans retenue, il ne craignait pas de reprendre en public les gens les plus considérables, voire même le gouverneur de la province. A l'église il interrompait les ecclésiastiques étant en chaire. Il errait le matin avant l'aurore à la recherche des enfants abandonnés pour les porter à l'hôtel-Dieu. C'est en revenant de celui-ci le 13 avril 1683, que pris d'un violent mal de côté, il trépassa. Ainsi se termina la vie intense de Pierre Ragot.

La ville du Mans et le clergé ordonnèrent pour la sépulture de cet homme au grand cœur une belle cérémonie, durant laquelle toutes les cloches de la cathédrale se firent entendre au loin.

◆ 1633-1711

Jean Boinard et ses tableaux changeants

Jean Boinard, qui fit carrière d'artiste peintre, naquit au Mans paroisse du Crucifix le 22 octobre 1633, de parents tous deux brodeurs, travaillant pour les églises. Après un court apprentissage à Paris, Jean Boinard revint à 22 ans dans sa ville natale avec l'espoir d'intéresser la clientèle mancelle à ses futurs travaux. Ses qualités de peintre furent modestes, pourtant il ne redouta pas d'entreprendre des copies de tableaux de maîtres comme Nicolas Poussin, Michel-Ange ou Raphaël, en réduisant toujours les formats et modifiant parfois les proportions.

Boinard ayant eu, dit il, une nuit de 1684, l'apparition prolongée de Pierre Ragot, décédé en odeur de sainteté l'année précédente, fit séance tenante à la lueur du halo éclairant le spectre, le portrait du charitable curé du crucifix du Mans. Sa vision fut ensuite diffusée à l'aide d'une gravure sur cuivre.

Afin de rendre très vivantes les expressions des portraits qu'il peignait, Boinard inventa un procédé, celui des tableaux changeants :

Autoportrait.
Musées du Mans.

à l'aide d'une tirette le faciès des personnages était modifié, les faisant soudain passer de la gravité au sourire.

Plus étonnant, il inventa sur ses vieux jours des tablettes de concentrés de viande pouvant se conserver, procédé qui fut plus tard commercialisé.

Cherchant continuellement à intriguer son public, Boinard faisant son autoportrait, se représenta tenant sa palette de peintre dans sa main gauche et brandissant une énorme clef dans sa main droite. Cette clef est-elle la gardienne d'un lieu tenu secret où furent cachées ses nouvelles inventions ? Boinard trépassa le 30 avril 1711 à Versailles où il s'était retiré.

Un tableau changeant de Boinard est conservé au musée de Tessé au Mans. Il est intitulé « Démocrite et Héraclite ». Musées du Mans.

◆ 1616-1686

L'ascension sociale prodigieuse de Louis Berryer

Le Manceau Louis Berryer, sixième enfant de Denis Berryer, greffier à la prévôté du Mans et de Madeleine Berthelot, naquit paroisse du Crucifix, le 20 mars 1616. Orphelin à 14 ans, il dut ne compter que sur lui pour se faire une place dans la société. Son intelligence, sa ténacité et la chance l'aidèrent considérablement.

A vingt ans, en 1636, il prit une charge d'huissier audiencier à l'élection du Mans, qu'il garda jusqu'en 1648. En 1641, âgé de 25 ans, il épousa Renée Hameau, dont il eut six enfants.

A 34 ans, il vendit sa charge, quitta Le Mans pour prendre, près de Domfront, l'exploitation des forges d'Halouze, appartenant au comte de Flers qui lui accorda un bail de cinq ans.

Berryer ayant le sens des affaires profita d'une occasion pour prendre à bail, en 1652, la gestion de tous les moulins seigneuriaux du comté de Flers ; n'ayant pas l'intention de les faire valoir lui-même, il les rétrocéda à des particuliers. Du bénéfice qu'il en tira et de ses économies, il acheta une charge de secrétaire du roi.

En 1655, Colbert, alors intendant des biens de Mazarin, étant venu dans le duché de Mayenne – que le cardinal venait d'acheter à Charles III de Gonzague, duc de Mantoue – eut vent des qualités de gestionnaire de Berryer. Colbert le tira des forges et lui confia la gestion des terres du duché pairie de Mayenne, pour affermer les moulins, les étangs, les forges de Chailland et d'Andouillé, les coupes des forêts et engager ou destituer les officiers y travaillant. La gestion des biens de Mazarin, confiée à Berryer, s'étendit sur la Bourgogne, l'Auvergne et le Nivernais, ce qui obligea Berryer à être constamment sur les routes. Cette course effrénée ne cessa qu'en 1661 à la mort du cardinal.

La surveillance des exploitations en divers domaines, permit à Berryer de découvrir celle des forêts. Pour son compte personnel il se lança en 1557 dans l'acquisition de baux de quinze années pour l'abattage de bois dans les forêts royales normandes, dont, comme d'autres, il pouvait tirer de grands profits, ne respectant pas toujours le quota annuel convenu. Le bois destiné au chauffage des maisons parisiennes était acheminé par voie d'eau. Afin d'enlever d'importants marchés de coupes forestières, il dut parfois s'associer, ce qu'il fit en 1660 en collaborant avec le surintendant Fouquet, l'ennemi juré de Colbert. Berryer se trouva moralement écartelé lors de l'arrestation de Fouquet, le 5 septembre 1661. Il se rangea sans hésitation du côté de Colbert qui, en février 1662, lui offrit une des quatre charges par quartiers de secrétaire d'Etat aux finances. C'est ainsi qu'il fut un de ceux chargés d'examiner les papiers de Fouquet, en vue de son procès.

En 1664, Berryer participa activement à la fondation de la Compagnie des Indes orientales. Il dut alors diriger ses déplacements vers Le Havre, port choisi pour la construction des navires destinés à la Compagnie. Il y surveilla l'établissement d'un quai où accostaient les bateaux revenant des Indes. Au mois d'octobre de chaque année il assistait à la vente des marchandises, essentiellement des tissus de coton et des épices. L'intérêt qu'il porta à ce commerce le fit nommer en 1672, directeur de la Compagnie des Indes orientales.

Berryer s'investit également comme administrateur de l'hôpital général de Paris.

En 1672, Colbert lui confia le soin de réorganiser la Compagnie des secrétaires du roi qu'il réduisit à 242 membres et de s'investir dans l'industrie dentellière.

Les activités de Berryer cessèrent en 1683. En rédigeant son testament, le 21 septembre 1685, il fut incapable de le signer, frappé de paralysie. Ce Manceau d'origine mourut le 10 septembre 1686.

◆ 2e moitié du XVIIe siècle

Torches et ambigus

Au printemps de chaque année, durant la seconde moitié du XVIIe siècle, une réjouissance assez pittoresque se déroulait au Mans, le dimanche de la Fête-Dieu, dite du Sacre.

La procession partant de la cathédrale jusqu'au cimetière de Coëffort (place de la Mission), était suivie de robustes gaillards portant sur leurs épaules d'immenses brancards chargés de plusieurs personnages en cire, habillés à l'antique, évoquant des épisodes de l'Ancien ou du Nouveau Testament. Ces mannequins, quelque peu instables, étaient adossés ou fixés à des architectures en bois pouvant atteindre 4 à 5 mètres de haut. Seize porteurs étaient nécessaires pour véhiculer une des scènes, dénommées « torches » du fait qu'elles étaient escortées de luminaires, tenus par chacun des membres de la corporation qui avait financé l'ouvrage. Sept ou huit de ces torches évoquaient divers sujets bibliques[46]. Chacune était agrémentée de nombreuses décorations dues à de véritables artistes locaux comme Marin Huault, cirier au Mans[47].

Les corporations participantes devaient obligatoirement changer chaque année le sujet de leur torche sous peine d'amende. Ce défilé annuel très attendu devint une grande curiosité pour la population qui se massait sur son passage. Pour les corps de métiers, la dépense était grande, mais ils gardaient ainsi un contact avec leurs clients. Ces fêtes appréciées des Manceaux et des Angevins eurent un écho aux oreilles du roi Louis XIV, qui imagina lui aussi en tirer quelques agréments, en taxant toutes les corporations contribuant à ces spectacles. Dès 1692, la procession du Sacre se fit donc sans les torches.

Les décorations en cire ne furent pas pour autant totalement abandonnées. Un cirier de talent, dénommé Lemoine, continua à réaliser de petits crucifix en cire colorée, qu'il présentait à la vente dans des cadres vitrés. Il réalisa dans la cire en guise de surtouts de tables des pièces montées composées de fruits, des volailles, de rôtis, de pâtés et de desserts.

Lemoine qualifia ses productions d' « ambigus ». Elles imitaient à la perfection la réalité et les personnes non initiées s'y laissaient prendre.

Les enfants du cirier continuèrent l'œuvre de leur père. La ville du Mans prit l'habitude d'offrir des ambigus en cadeau aux personnes qu'elle voulait particulièrement honorer : ce fut, en 1712, un service en gras et un dessert au comte de Tessé ; en 1715 un pâté, un rôti et des fruits au gouverneur le marquis de Fervaques ; en 1726 un repas en cire à la jeune reine Marie Leszczynska. Que nous reste-t-il de ces œuvres éphémères ? Des évocations, mais nul dessin.

46 / 47 / **Les + *de l'histoire*** p.229

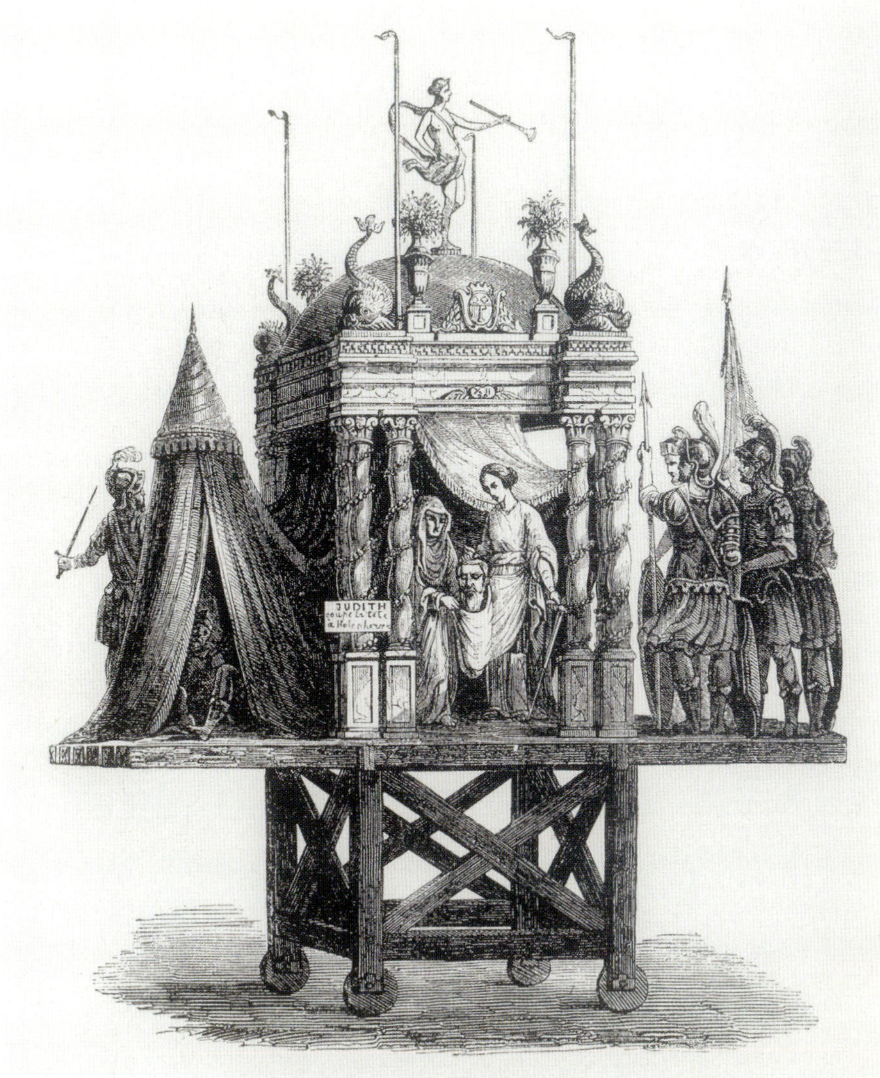

Cette torche de neuf personnages en cire représente le meurtre d'Holopherne par Judith. Elle fut réalisée pour la fête du Sacre d'Angers. Coll. Etienne Bouton, cliché Dominique Breugnot.

Tableau de cire, crucifix avec angelots dans un décor de papirolles. Coll. Etienne Bouton, cliché Dominique Breugnot.

◆ 1705-1783

Louis, Elisabeth de la Vergne de Tressan, dit « Petit Train »

Palais épiscopal, allée Basile-Moreau

Le hasard fit naître au Mans, en 1705, le comte Louis, Elisabeth de la Vergne de Tressan, fils de François Jérémie de la Vergne, marquis de Tressan et de Louise Madeleine de Brulart de Genlis. Mme de Tressan alors enceinte, étant venue se reposer chez son oncle, Mgr de Tressan, évêque du Mans, accoucha d'un fils au palais épiscopal le 4 novembre.

M. le comte de Tressan eut l'honneur d'être considéré, avec Germain Pilon, à la Restauration, comme étant les deux gloires sarthoises. Dessin de Pelletier, lith. de Duperray vers 1830. Médiathèque Louis-Aragon du Mans.

L'enfant eut ensuite une adolescence truffée d'imprévus. Ses études commencées au Prytanée de la Flèche se poursuivirent à Louis-Le-Grand. Elève brillant, Louis de Tressan fut choisi à 13 ans, par sa tante Mme la duchesse de Ventadour, gouvernante de Louis XV, pour être le compagnon d'études du jeune roi âgé de 8 ans. Il côtoya donc le jeune monarque, ce qui favorisa les relations qu'il eut ensuite à la cour. Le roi lui demanda en 1725 d'aller avec d'autres personnalités accueillir à Strasbourg la future reine Marie Leszczynska.

Tressan fut par la suite reçu à Versailles dans le cercle intime de la reine. Un jour, la reine lui demandant l'état de sa santé, Tressan lui répondit : « *Elle va son petit train, Majesté.* » Cette réponse valut à son auteur le surnom de « Petit train » que désormais il garda.

Tressan eut une carrière militaire qui le fit combattre à la guerre de succession de Pologne et à la bataille de Fontenoy. Il fut ensuite gouverneur du Boulonnais puis grand maréchal de la cour du roi Stanislas Leszczynski. Il fonda l'académie de Nancy, participa à la rédaction de l'Encyclopédie, publia en 1749 un traité sur l'électricité qui lui valu d'entrer à l'Académie des sciences. Entiché de fossiles et d'objets de physique, il en fit collection. Il se passionna pour l'écriture de romans de chevalerie et traduisit deux œuvres de l'Arioste qui le firent élire à l'Académie française en 1781[48]. M. Louis, Elisabeth de la Vergne de Tressan décéda en 1783, en chutant d'un véhicule, revenant de chez Mme de Genlis.

---

48 / **Les +** *de l'histoire* p.229

◆ 1709

La tour vineuse prend feu

Rue des Fossés Saint-Pierre et rue Saint-Flaceau

La tour vineuse médiévale, construite à mi-parcours de la rue Saint-Flaceau, avait sur le mur de ville une large emprise, débordant en grand arc de cercle sur les fossés. Sa vaste surface permettait de l'utiliser comme lieu de stockage. En 1707, le corps de ville dut aménager cette tour pour héberger une quantité de prisonniers de guerre, dont Louis XIV se déchargeait dans diverses villes dont Le Mans. Les prisonniers avaient été capturés en Espagne à la bataille d'Almanza, remportée par le roi Philippe V contre des coalisés anglais, espagnols, portugais et hollandais. Au Mans des officiers de la bourgeoisie mancelle furent désignés pour les garder et veiller à leur sécurité.

Le 23 février 1709, au cours du second hiver que les détenus passaient dans la tour, les prisonniers entreprirent d'y faire du feu pour se réchauffer. Mais les flammes ayant atteint la charpente transformèrent la tour en brasero, sans que l'on pût les secourir rapidement.

Dans cet incendie périrent trente-deux prisonniers[49]. L'intendant Turgot demanda qu'une punition soit donnée à ceux désignés pour veiller à la garde des captifs.

◆ 1663-1751

Anne-Victoire Pillon, une religieuse artiste

En 1663, naquit dans l'espace commerçant de la paroisse du Grand-Saint-Pierre, Anne-Victoire Pillon, fille de Mathurin Pillon, commerçant, exerçant la profession de mercier, grossier, joaillier, comme son père et en même lieu. Après avoir perdu trois garçons en bas âge, les parents Pillon eurent deux filles Anne et Louise. Anne-Victoire fut baptisée le 12 mai sur les fonts baptismaux de la paroisse. En 1669, Anne et Louise âgée de 7 et 6 ans, perdirent leur mère. Leur père désemparé ferma sa boutique, vendit sa maison se constituant un pécule lui permettant de confier ses deux filles, pensionnaires aux visitandines. Il fut nommé directeur de l'hôpital général du Mans, s'étant fait prêtre en 1670. Anne-Victoire devint religieuse dans le monastère de la Visitation, où elle avait été éduquée.

En 1711, un tremblement de terre menaça de détruire les bâtiments du monastère qui avaient été, en 1644, hâtivement construits. Il devint alors urgent de les rebâtir.

La supérieure Louise Angélique de Balincourt chargea, en 1713, la sœur Anne Pillon, âgée de 49 ans, d'aller visiter en France les monastères de leur ordre, pour s'en inspirer. Revenue de son périple, la religieuse dessina les plans d'un nouveau couvent, confiés à l'architecte Mathurin Riballier. La première pierre fut posée le 6 juin 1714 et la construction dura au moins une dizaine d'années.

---

49 / **Les + *de l'histoire*** p.229

La chapelle de la Visitation, place de la République, conçue suivant les plans de sœur Anne-Victoire Pillon, avec les participations des architectes Mathurin Riballier, père et fils, et de Michel Chevalier sculpteur. Cliché Dominique Breugnot.

Les connaissances artistiques de la sœur Pillon ne se limitaient pas à la seule architecture, elle peignait. Aussi eut-elle l'idée de décorer les murs du réfectoire en y faisant figurer, en neuf peintures, l'histoire de Moïse. Elle renouvela cet exploit en décorant à l'étage la salle de l'assemblée[50].

Pour dresser les plans de la future chapelle dont les travaux commencèrent en 1730, la supérieure eut encore recours à Anne-Victoire Pillon, à Mathurin Riballier père, à son fils et aux talents du sculpteur Michel Chevallier. La chapelle fut consacrée le 22 mars 1737. A cette date, la sœur Anne Pillon, âgée de 74 ans, étant toujours capable de peindre, brossa deux toiles rondes, pour les voûtes de la chapelle.

La prodigieuse œuvre murale de la religieuse, qui décéda à l'âge de 87 ans, en 1751, resta ignorée des Manceaux qui ne pénétraient pas dans la clôture du monastère. Lorsque les prisonniers et la justice vinrent occuper les lieux en 1792 et en 1797, les murs furent aussitôt badigeonnés uniformément. Ce serait peut être une exceptionnelle découverte à faire.

---

50 / **Les +** *de l'histoire* p.230

◆ 1722-1786

Turbulences dans l'hôtel Menon de Turbilly, puis de Broc

1 bis rue des Poules et 24 bis place de l'Eperon

En 1698, Jean François de la Rivière, écuyer, conseiller du roi, lieutenant général de police, possédant rue des Poules, paroisse de Saint-Benoît, une ancienne maison à large façade, n'ayant cependant sur l'arrière qu'un espace limité par le mur de ville, décida néanmoins de reconstruire sa demeure sous l'aspect d'un bel hôtel, la terre de l'Eperon, qui déparait l'environnement, venant d'être récemment retirée.

En 1714, la fille du constructeur, Françoise de la Rivière, épousa François Henri de Menon, comte de Turbilly, déjà deux fois veuf. C'est dans l'hôtel de la rue des Poules qu'habita le ménage. La nouvelle comtesse de Turbilly n'eut hélas que des filles au grand désespoir de son époux, qui souhaitait ardemment un fils. La comtesse tremblant que son sort soit le même que celui des deux précédentes épouses de son mari, l'accusa publiquement en 1722, de les avoir empoisonnées.

En 1737, l'entrée cochère de l'hôtel de Turbilly, côté rue des Poules, fut murée et des barreaux posés à toutes les ouvertures. Cliché de Dominique Breugnot.

Le comte arrêté, fut emmené à Paris et enfermé à la Bastille. Il n'en sortit que vingt ans plus tard, en 1742, pour mourir, sans que l'on ait pu prouver sa culpabilité.

Afin de dégager la cour de son hôtel, la comtesse de Turbilly obtint de la ville en 1737, la démolition de la tour Corbin et du mur d'enceinte, ce qui inversa définitivement l'accès de l'immeuble, qui dès lors se fit côté jardin par la place de l'Eperon. La porte cochère de la rue des Poules fut aussitôt murée

Une des filles, Marie Gabrielle René Menon de Turbilly, épousa, en 1746, Charles Léonor marquis de Broc. Le couple eut cinq enfants, dont Louise qui devint dame d'honneur de la princesse de Lamballe.

La marquise de Broc défraya la chronique mancelle par ses nombreuses aventures galantes. Le mémorialiste Alexandre Tilly, page de la reine, en fut le rapporteur. La marquise décéda dans son hôtel le 9 avril 1786, dix-huit mois avant sa voisine et amie madame de Fondville, qui l'assista à la fin de sa vie.

◆ 1725 -1764

Samson de Lorchère, maire perpétuel du Mans

Hôtel 97 Grande Rue (centre Jacques-Prévert)

Ecu de René Denisot, sieur de Noirais, constructeur de l'hôtel à la seconde moitié du XVIe siècle. Cliché de Dominique Breugnot.

L'hôtel se déployant autour d'une cour bordée par une galerie, jadis ouverte, pour abriter les véhicules, fut construit à la seconde moitié du XVIe siècle par René Denisot, sieur de Noirais, dont on voit encore extérieurement le blason sculpté. La demeure fut par la suite, durant le XVIIIe siècle, celle de deux maires perpétuels : François Samson de Martigny de 1711 à 1725 et son fils, Louis Samson de Lorchère, de 1725 à 1764. Depuis les privilèges accordés par Louis XI en 1481, les habitants de la ville du Mans, en récompense de leur attachement au roi Charles VII son père, durant l'occupation anglaise de la guerre de Cent Ans, avaient acquis le droit d'élire un maire pour trois ans, accompagné de six pairs et de six conseillers. L'organisation de l'administration de la cité changea neuf fois de statuts jusqu'à la Révolution. Déjà Charles VIII avait supprimé l'office de maire, confiant l'administration municipale à quatre échevins, un procureur, un receveur, un clerc et à deux sergents, tous chapeautés par le sénéchal du Maine.

En 1710, Louis XIV piqua les Français de l'aiguillon de la vanité en vendant des charges de maires, chargés d'administrer les grandes villes du royaume.

Paul François Samson de Martigny acheta en 1711 le titre de maire de la ville du Mans. Ainsi, pensant en être possesseur à vie, se déclara-t-il « maire perpétuel ». Le titre fut cependant supprimé en 1717, puis rétabli en 1733. Son fils Louis Samson de Lorchère reprit

Le dessin de Louis Moullin
de 1854 représente les différentes époques des murs de cet hôtel : escalier du XVIe siècle, galerie, fenêtres et œil de bœuf du XVIIIe siècle. Musées du Mans.

alors ce titre jusqu'à son décès en 1764, époque à laquelle il fut pompeusement enterré dans l'église Saint-Ouen-de-l'Oratoire.

Les responsabilités municipales étaient au XVIIIe siècle quelque peu semblables à celles d'aujourd'hui, toutefois bien différentes par les moyens dont les services disposaient.

Pour la tranquillité des habitants, la ville était surveillée par des sergents en uniforme.

A la municipalité incombait d'observer la qualité du pain, celle de l'approvisionnement en farine. En période de disette, il fallait à maintes reprises contracter des emprunts, parfois de 80 000 livres, pour acheter du blé à l'étranger, puis l'acheminer depuis Nantes par les voies d'eau. Pour réaliser ces transports, la municipalité dut aménager des chemins de halage le long de la Sarthe, afin que les bateaux puissent parvenir jusqu'aux abords du Mans. Malgré ces précautions, deux fois les péniches, sans doute trop remplies, coulèrent avec leurs chargements. La municipalité devait aussi entretenir les rues, surveiller leurs pavages, faire procéder au nettoyage des chaussées par des balayeurs équipés d'un tombereau précédé d'un porte-sonnette, veiller à l'alimentation en eau potable des fontaines ; deux hommes étaient chargés de pomper journellement, pour faire monter l'eau dans une citerne. En outre, le maire devait prévoir la lutte contre les incendies, par l'achat de seaux en toiles goudronnées répartis dans les quartiers et par l'acquisition de la première pompe d'incendie en 1757. Pour aider au financement de cette dépense non prévue, le corps de ville avait dû vendre douze couverts et deux cuillers potagères en argent, sur les manches desquels étaient gravés les blasons de la ville. Il incombait à la municipalité d'entretenir murs et tours ceinturant la cité, les portes de ville, les ponts-levis d'une assez grande fragilité, veiller au bon état des bâtiments des boucheries, de la poissonnerie et des corps de garde. La ville devait en outre assurer à ses frais le logement du gouverneur, les locations des auberges de Saint-Denis et de la Pomme de pin pour le casernement de la maréchaussée, faire remonter journellement le mécanisme de ses deux horloges : celles de Saint-Julien et de la Cigogne, assurer la vidange des fosses des « accoudoirs » ou latrines publiques.

La ville avait à faire face à l'affluence de plusieurs milliers de mendiants attirés par les aumônes hebdomadaires des monastères qui, si elles soulageaient la misère, entretenaient l'oisiveté. Les échevins devaient veiller à éviter le vagabondage des pestiférés évadés du Lazaret ou du Sanitas. Enfin, entre autres responsabilités, la municipalité devait veiller à l'entretien des couleuvrines, moyen de défense de la cité.

A la première moitié du XIXe siècle, les religieuses de Saint-Vincent-de-Paul s'installèrent dans l'ancien hôtel Samson de Lorchère pour apporter des soins aux malades du quartier et y tenir un orphelinat pour lequel elles construisirent un bâtiment rue Saint-Flaceau ; les religieuses quittèrent la cité vers 1975.

◆ 1739

L'action exemplaire de Joseph Dariot

A la tour vineuse (détruite) rue des Fossés-Saint-Pierre

La pluie continuelle tombée au printemps de 1738 empêcha dans notre région les paysans de semer en temps voulu. L'été venu, une chaleur torride assécha les maigres pousses. Il en résultat une très mauvaise récolte et à l'automne une disette. On avait oublié les coutumes médiévales d'emmagasiner des réserves dans les celliers.

La ville réunit 74 200 livres et le roi prêta 50 000 livres pour acheter du blé à l'étranger, qui fut acheminé par bateaux jusqu'à Malicorne.

Un homme charitable, Joseph Dariot, eut en cette circonstance une action exemplaire. Ancien militaire, puis tailleur de son état, ému de la situation tragique, il prit sur lui de secourir de sa bourse les affamés sans ressource, en leur distribuant quotidiennement deux mille rations de soupe. Un bouillon de qualité supérieure était réservé aux malades, aux vieillards et aux enfants. Le sous-sol de la tour vineuse devint pour un temps, la cuisine populaire de Dariot, avec accès depuis une porte basse, ouverte en 1731, sur les fossés Saint-Pierre, où chaque midi se faisait la distribution. Dariot exigeait que les hommes valides travaillent et que toutes les femmes se présentent avec leur quenouille à la ceinture, sinon il rejetait leurs demandes.

La distribution de Dariot dura trois mois. En outre, il logea chez lui, paroisse du Crucifix, plus de 60 orphelins et fit soigner par les médecins une quarantaine de malades. Le roi ayant eu connaissance de l'action de Dariot demanda qu'il soit exempté de logement d'hommes de guerre. La tour vineuse fut démolie vers 1830.

Cette rare gravure montre la distribution de la soupe par Joseph Dariot à l'hiver 1738-1739 envers la population pauvre. Médiathèque Louis-Aragon du Mans.

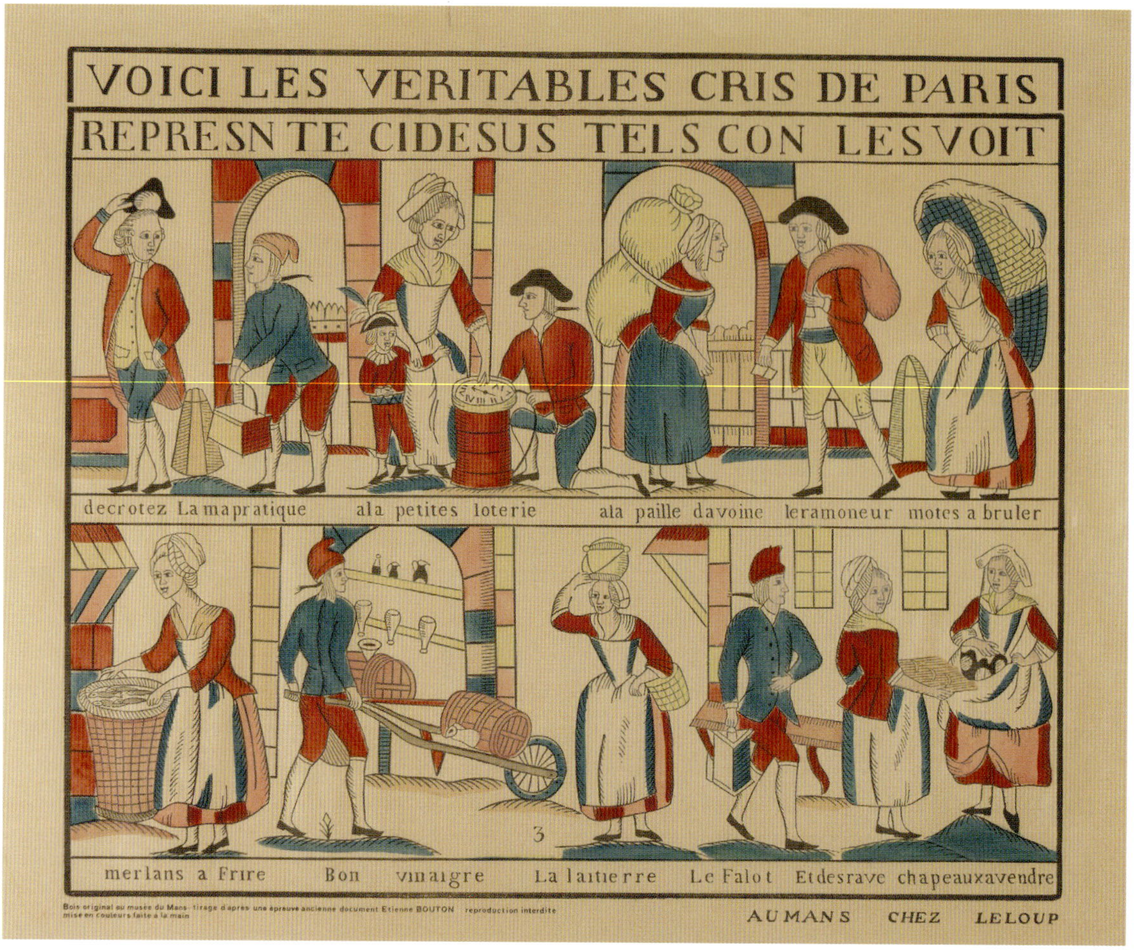

◆ 1745-1840

L'imagerie populaire sur bois au Mans

Sous l'Ancien Régime, chaque grande ville imprimait ses cartes à jouer, dont il était fait grande consommation. Les cartiers se devaient de graver les figures suivant les modèles de leur région. Au Mans c'était « le portrait de Paris ». L'apprentissage de ce métier durait cinq années, pour graver correctement sur bois les rois, les reines et les valets. Cette formation donna à quelques cartiers l'idée de réaliser d'autres images plus variées, édifiantes, religieuses, anecdotiques ou burlesques.

Ainsi Jacques Gaugain dit Sillé, né au Mans le 3 avril 1723, s'installa cartier-imagier vers l'âge de 20 ans, Grande Rue. Il grava durant sa vie, 162 planches à dominos pour l'impression de papiers à petits dessins servant de couvertures aux livres brochés ou décorant les coffrets de cartonnages. Il créa 30 planches réservées aux grandes images et 139 planches à

Dans l'image des *cris de Paris* de Pierre Leloup, longue de 1,52 mètre et composée de quatre gravures, quarante-et-un métiers sont représentés. Coll. Etienne Bouton, cliché Dominique Breugnot.

fleurs pour tapisser les murs. Il composa aussi des jeux de l'oie et des damiers. Lorsque Sillé décéda en 1772, sept personnes travaillaient dans son atelier. On dénombra un très grand nombre de feuilles imprimées – 72 000 –, mais également plus de 800 jeux de cartes.

Un autre imagier, Joseph Portier, né en 1751, apprit son métier chez Jacques Gaugain. A la mort de son maître, il seconda sa veuve chez laquelle il continua durant sept ans d'imprimer, puis ouvrit une boutique rue Dorée. Il consacra essentiellement sa production à des sujets d'actualité : l'ascension d'un ballon, les généraux, héros de l'Empire, etc.

Pierre Le Loup, le graveur manceau dont on conserve 53 modèles d'images, naquit à Sillé-le-Guillaume en 1769. Il débuta comme graveur sur bois pour indiennes à la manufacture de Desportes de la Fosse, puis troquant l'imprimerie sur étoffe pour celle sur papier, il s'établit imagier en 1799 dans une boutique de la Grande Rue, qui fut plus tard, détruite par le percement du tunnel.

Sa production concernait des sujets d'actualité, religieux ou profanes.

En 1815, Le Loup édita une image de Louis XVIII à cheval et transforma ses bois déjà gravés sous l'Empire, en les actualisant. Il se spécialisa ensuite dans les grandes images pour lesquelles il était nécessaire de réunir quatre feuilles pour en composer une entière.

Certaines de ces images longues de 1 m 62 étaient placées en haut des foyers des cheminées afin d'activer le tirage du feu. Encore actif une vingtaine d'années, il décéda le 21 janvier 1844 âgé de 74 ans, étant alors qualifié de rentier[51].

◆ 1727-1795

Jacques Héron, serrurier

61 Grande Rue, les balcons en fer forgé

Dès le début du XVIIIe siècle, le perfectionnement apporté à l'art d'étendre le verre à vitrer permit d'agrandir les fenêtres des maisons médiévales, en abaissant l'allège des ouvertures.

Pour prévenir des chutes, des protections furent apportées à ces nouvelles portes-fenêtres avec l'installation de balconnets en fer forgé. Les serruriers manceaux se mirent à l'œuvre et en édifièrent, en quelques années, des centaines sur de très nombreuses maisons. En même temps, l'obligation de crépir les façades en bois, afin d'éviter la propagation du feu, cacha les poutres précédemment apparentes. Ainsi l'aspect des rues fut totalement modifié en peu de temps[52].

Un des maîtres serruriers de l'époque, Jacques Héron, forgea vers 1760, le balcon enseigne de sa propre demeure, 92 rue du Portail Sainte-Anne, balcon placé aujourd'hui 61 Grande Rue. Jouant avec son nom, il plaça

51 / 52 / **Les + *de l'histoire*** p.230

au centre d'une rocaille un héron tenant dans son bec une clef, modèle de celles qu'il savait fabriquer.

Par soucis de perfection, le serrurier reproduisit sur la face arrière du balconnet le même relief que sur le devant. Jacques Héron décéda le 15 germinal an III (4 avril 1795) âgé de 68 ans.

◆ Vers 1760

Hôtel Nepveu de Rouillon

Maison des Compagnons du devoir, 114 Grande Rue

L'immeuble dans lequel est installée l'association ouvrière des Compagnons du devoir, a une origine romane, dont il existe encore une fenêtre du côté de la rue de la Verrerie. L'antique construction fut transformée au XVIe siècle et à nouveau vers 1760 par l'architecte Mathurin Riballier, à la demande de son propriétaire Pierre Jacques René Nepveu de Rouillon, lieutenant criminel de la Sénéchaussée du Maine depuis 1720.

Le Lieutenant criminel désira élever chez lui un belvédère lui procurant du haut de son toit une vue générale sur la cité. Elu maire du Mans en 1765, il ne remplit cette nouvelle fonction que trois petites années. Pris d'un malaise au cours d'un souper, il trépassa le 11 avril 1768, s'étant étouffé avec une croûte de pâté.

De par sa mère, il descendait du dramaturge Robert Garnier qui avait habité le quartier au XVIe siècle. Après l'occupation des lieux au XIXe siècle, par les religieuses de Saint-Vincent-de-Paul, qui tinrent ici un ouvroir, succursale de leur maison 97 Grande Rue, l'hôtel devint en 1976, maison du compagnonnage, hébergeant une cinquantaine de jeunes futurs artisans en diverses disciplines.

Jacques Héron, dont voici l'enseigne, fut au milieu du XVIIIe siècle l'un des artisans ferronniers, qui, grâce à la fabrication de leurs balcons, transformèrent l'aspect des rues de la cité. Cliché Dominique Breugnot.

Cet hôtel est, dans la ville ancienne, un des rares reconstruit au XVIIIe siècle, remplaçant une précédente demeure du XVIe siècle. Photographie vers 1872. Coll. Etienne Bouton, cliché Dominique Breugnot.

◆ 1719-1787

Mme Richard de Fondville tient salon

Rue Dorée (immeuble détruit)

En contrebas de la cité, empruntant l'ancienne rue Dorée, jadis quartier d'habiles artisans, se trouvait un bel hôtel du milieu du XVIe siècle, élevé en retrait de la rue, par une cour d'une dizaine de mètres, un jardin arrière s'ouvrant vers l'hôpital général. La particularité de cet hôtel, construit par la famille de Queravoine, était d'avoir une façade très décorée de sculptures en bas-relief.

Dans cet hôtel vécut M. Richard de Fondville, receveur général des fermes du roi, personnage aux responsabilités importantes, assez fortuné, mais dont les plus belles richesses étaient les qualités de son épouse, Louise Marie Bailly de Saint-Mars, née en Sologne en 1719. Le couple se maria vers 1740, puis vint habiter au Mans en 1763, rue Dorée.

Intelligente, remarquablement douée, gracieuse, Mme de Fondville fut jusqu'en 1787, année de son décès, l'animatrice littéraire et artistique de la ville du Mans. Chez elle se réunissait l'élite mancelle dont elle était involontairement la muse. On y discutait art, histoire, littérature et poésie. S'y retrouvaient les représentants des familles lettrées du Maine, les de Tessé, de Créquy, de Vassé, de Mailly, Alexandre Tilly, les Belin de Béru, du Ponceau d'Oigny, Véron du Verger, Mme de Broc, etc.

Lorsque Mme de Fondville revenait de ses séjours parisiens, elle en rapportait des nouvelles recueillies auprès d'amis, comme le maréchal Duras et le comte de Bissay, tous deux membres de l'Académie française. Le

Buste en terre cuite de Mme de Fondville par Jean-Baptiste Dufernex en 1749. Musées du Mans.

Hôtel de Fondville, rue Dorée. Dessin de Louis Moullin, 1854. Musées du Mans.

Les décors sculptés conservés de l'hôtel de Queravoine sont : le blason familial représentant trois grappes de raisin et le profil du dieu Mars occupant le sommet d'une lucarne replacés au n° 86 de la Grande Rue. Clichés Dominique Breugnot.

marquis de Voyer l'avait mise en rapport en 1759 avec le sculpteur Jean-Baptiste Defernex, qui reproduisit son visage en un joli buste de terre cuite. Chez elle tout était raffinement, porcelaines, biscuits, laques, dans son salon étaient accrochés trois tableaux de Joseph Vernet.

Sous un aspect enjoué et mondain, Mme de Fondville n'en était pas moins très pieuse. Elle faisait partie de l'ordre de Saint-François.

Après le décès de M. Richard de Fondville, le 7 novembre 1796, meubles, tableaux, argenterie, objets d'art furent vendus à l'encan, pour éponger une partie des nombreuses dettes qu'il avait laissées.

L'immeuble fut ensuite occupé par le premier préfet de la Sarthe M. Auvray, en 1802 et 1803, puis fut acheté par les départements de la Sarthe et de la Mayenne pour en faire un évêché concordataire commun durant 45 ans[53].

Une grille en fer longue d'environ 15 mètres, séparant la cour du jardin de la rue Dorée fut, à la demande de Mgr Bouvier, transportée au nouvel évêché de Tessé, pour clore le jardin sur la rue du Capitaine Floch.

Le bel hôtel de la rue Dorée, celui de Mme de Fondville, fut détruit par un incendie en 1893. Le seul élément sauvé, la tête profil de Mars, fut replacé sur la lucarne d'une maison Grande Rue, faisant face à la rue Saint-Honoré.

53 / **Les + *de l'histoire*** p.231

◆ 1768

Le présidial renaît

Place Saint-Pierre (futur hôtel de ville)

Depuis la construction de la tour du Gros Pilier, dernier agrandissement, au XVe siècle, du palais des Comtes du Maine, les murs seraient peut-être restés en cet état si trois siècles plus tard, le 26 juillet 1720, les prisonniers, détenus au pied de ce palais, n'avaient mis le feu à leur geôle.

Les flammes s'élevant attaquèrent la charpente du présidial, ancien logement de Bérengère, puis ayant gagné la toiture de la grant'salle, commencèrent à la dévorer. Pour sauver les liasses de dossiers, on les jeta par les fenêtres. Le présidial fut par nécessité bientôt recouvert, mais la grant'salle garda durant de nombreuses années, des plaies béantes dans sa toiture. Les bâtiments appartenaient à la couronne dont le représentant était le jeune Louis XV, âgé de 10 ans, aussi aucune décision ne fut-elle prise. Au Mans on attendit en vain. Ce ne fut qu'en 1752 que l'on commença à se préoccuper de trouver une solution. Fallait-il reconstruire ou réparer ? Les deux députés représentant la municipalité s'opposèrent à la destruction de la grant'salle du vieux palais. Cependant un arrêté du Conseil royal, en date du 21 janvier 1760, ordonna une nouvelle reconstruction, mise à la charge des paroisses de la sénéchaussée du Maine. Il fut ainsi nécessaire de minimiser les frais en gardant, autant que possible, certains gros murs en état.

Deux hommes de bon sens furent chargés de trouver les solutions les meilleures,

Le hall d'entrée devenu salle des pas perdus fut pavé de grès et ses ouvertures sur l'extérieur dépourvues de fermeture. Photo fin du XIXe siècle. Coll. Etienne Bouton, cliché Dominique Breugnot.

DU REN

Au-devant du présidial reconstruit en 1768, une grille en fer délimita le pourtour de la précédente grant'salle. Coll. Etienne Bouton, cliché Dominique Breugnot.

M. Vogely ingénieur et M. Véron du Verger, négociant en étamines[54].

Les services du présidial n'occupèrent leurs nouveaux locaux qu'en octobre 1768. Les échevins de la ville, qui n'étaient pas favorables à une reconstruction, obtinrent deux salles à l'étage où ils tinrent leurs réunions. Les corniches de leurs nouvelles salles furent garnies des 99 armoiries de tous les échevins élus depuis 1718. Enfin sur les portes furent peintes les armoiries du gouverneur de la province et celles du lieutenant du roi, sans oublier évidemment les armes réformées de la ville, le 6 mai 1656. Ces peintures sont conservées au musée.

Le premier maire à s'installer là, fut M. Richer de Boismaucler. La cohabitation avec le présidial, empruntant le même escalier, dura jusqu'en 1797, année à laquelle la magistrature quitta les lieux pour s'installer dans l'ancien couvent des Visitandines place des Halles, déjà en partie occupé par les prisonniers.

Le départ du présidial permit aux services municipaux de s'étendre à leur aise.

◆ 1774-1776

Société de musique et salle des concerts

Hôtel de Ménard de Villechâtre, 55 Grande Rue

La large demeure de l'hôtel 55 Grande Rue, bâtie en pierre durant la seconde moitié du XVIe siècle par Ménard de Villechâtre, fut revendue en 1594 à Michel Barreau qui y installa une officine d'apothicaire. La famille nouvellement occupante en resta propriétaire deux siècles et demi, la louant mainte fois pour y exercer divers commerces.

En 1774, une société d'amateurs de musique comprenant une soixantaine de membres, dont M. Leprince d'Ardenay, loua les deux salles réunies du premier étage, pour y donner des concerts. Des musiciens professionnels s'y produisirent ainsi que des amateurs jouant de divers instruments. Les dames touchaient le clavecin, pinçaient la harpe ou la guitare pour accompagner leurs chants.

Les dames désirant venir en chaises à porteurs ou, la nuit, être accompagnées d'un porteur de falot, demandaient à leurs valets de les attendre pour les ramener chez elles. Les porteurs inactifs, buvaient, puis se querellaient. Le lieutenant de police, obligé plusieurs fois d'intervenir, demanda qu'une ordonnance réglementât cette situation. Elle fut signée le 20 décembre 1774, obligeant, sous peine de prison, la valetaille à ne se présenter que le demi-quart avant huit heures, qui était l'heure de la fin du concert.

La première salle des concerts du Mans, inaugurée en 1774, se trouvait au 1er étage de cet hôtel. Elle ne fonctionna que deux ans. Dessin de Louis Moullin, 1854. Musées du Mans.

54 / **Les +** *de l'histoire* p.231

Portrait de Louis Chambois en médaillon par Julien Chappée. Coll. Etienne Bouton, cliché Dominique Breugnot.

La salle ne pouvait recevoir qu'un nombre réduit d'auditeurs, alors que la demande augmentait. Le public était en outre souvent incommodé par l'odeur que produisaient les luminaires ; ces divers soucis obligèrent les responsables à trouver un autre lieu d'audition.

Pour financer la construction d'une nouvelle salle des concerts, sur un terrain accordé par la ville, rue des Filles-Dieu, le conseiller Chesneau Desportes établit une société recrutant de l'argent par actions nominatives achetées sous forme de tontine. Les actionnaires avaient la possibilité d'assister leur vie durant aux concerts donnés dans cette salle. Toutefois les cent vingt actions achetées 150 livres chacune, étant personnelles, n'étaient ni vendables ni transmissibles, elles revenaient à la ville au fur et à mesure des décès.

La première représentation eut lieu le lundi de la Pentecôte 1776. La salle des concerts, d'une acoustique reconnue, fut démolie fin du XXe siècle.

L'historien Emile Louis Chambois naquit dans cette demeure. Curé de Saint-Georges-du-Bois, il travailla sur les archives du cogner avec Julien Chappée. Il décéda en 1948.

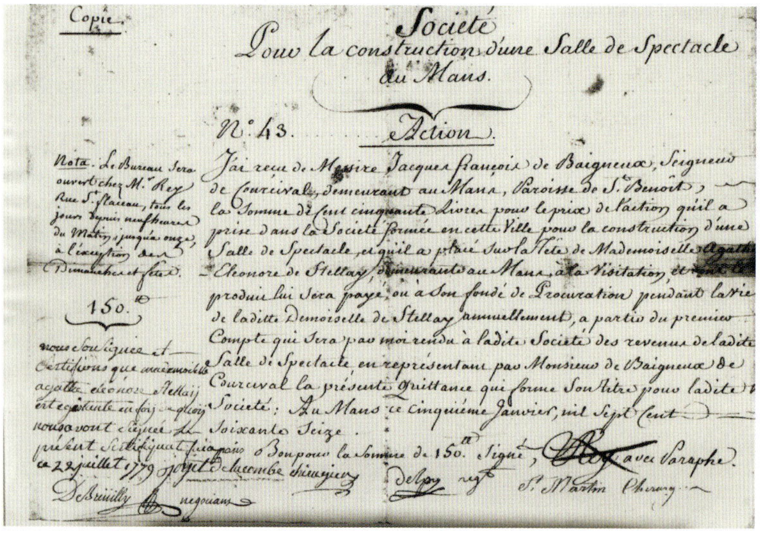

Copie.

Société
Pour la construction d'une Salle de Spectacle
du Mans.

N° 43. Action.

Nota. Le Bureau sera ouvert chez Mr Rey Rue St Flaceau, tous les jours depuis neuf heures du Matin jusqu'à onze, à l'exception des Dimanches et fêtes.

150.^tt^

J'ai reçu de Messire Jacques François de Baigneux, Seigneur de Courcival, demeurant au Mans, Paroisse de St Benoît, la Somme de Cent cinquante Livres pour le prix de l'action qu'il a prise dans la Société formée en cette Ville pour la construction d'une Salle de Spectacle, et qu'il a placé sur la Tête de Mademoiselle Agathe Eleonore de Stellay, demeurante au Mans, à la Visitation, et dont le produit lui sera payé, ou à son fondé de Procuration pendant la vie de laditte Demoiselle de Stellay annuellement, a partir du premier Compte qui sera par moi rendu à ladite Société des revenus de ladite Salle de Spectacle, en représentant par Monsieur de Baigneux de Courcival la présente Quittance qui forme son titre pour ladite Société ; Au Mans ce cinquième Janvier, mil Sept Cent Soixante Seize.

Bon pour la somme de 150.^tt^ Signé, avec Paraphe.

S. Martin

Action de la nouvelle salle des concerts au nom d'une jeune fille, élève des visitandines. Coll. Etienne Bouton, cliché Dominique Breugnot.

◆ 1749-1831

Chauvin du Ponceau d'Oigny : un poète prolixe

22 rue de la Verrerie (actuellement square du Bicentenaire)

Le Jardin du bicentenaire, aménagé en 1989 sur un terrain en friche, occupe l'espace de deux hôtels particuliers dont l'un fut celui d'un poète manceau : René Chauvin du Ponceau d'Oigny.

Né au Mans le 23 septembre 1749, cour du Rancher, quartier de la Sirène, il fut mis au collège Louis-Le-Grand à Paris, où, étudiant, il montra dès sa jeunesse des goûts marqués pour la poésie. Collégien, il écrivit une tragédie *Marie Stuart reine d'Ecosse* qui fut reçue au répertoire du théâtre français, puis un *Eloge à Fénelon* mis en concours par l'Académie française.

Comme beaucoup de jeunes de son époque, il s'enthousiasma pour les prises de position de Jean-Jacques Rousseau et de Voltaire à qui il fit parvenir son *Discours d'un nègre à un européen*. Voltaire lui adressa trois lettres, complimentant la ville du Mans de posséder un tel poète.

Sa passion pour le théâtre le rendit assidu aux spectacles du Français, où il devint également grand admirateur de ses comédiennes pour lesquelles il composa des poèmes.

En 1776, il perdit son grand-père qui fut pour lui son soutien et le resta, en lui léguant son hôtel de la rue de la Verrerie et 36 000 livres de rente, ce qui permit à d'Oigny d'acheter une charge de gentilhomme ordinaire de la chambre du roi.

Le plaisir de d'Oigny fut d'écrire des petits riens : *A une jolie femme qui n'est pas belle, A Melle D… la veille de la Madeleine, jour de sa fête, Epître à M. Greuze, Invitation à un souper, Sur la Vénus de Médicis* ». Ses « brimborions » furent régulièrement publiés dans *L'Almanach des muses* de 1775 à 1802.

René Chauvin du Ponceau d'Oigny, poète auteur d'hymnes révolutionnaires, de neuf tragédies et des *Quatre âges de l'homme*. Dessin de Pelletier, lithographie de Monnoyer, 1831. Médiathèque Louis-Aragon Le Mans.

Gentilhomme enthousiaste, gai, spirituel, conteur agréable, aimable auprès des dames, il fréquenta au Mans le salon de Mme de Fondville.

La soif de la découverte lui fit entreprendre en 1783, avec un ami, un voyage de six mois en Italie et en 1787 en Angleterre.

Par sagesse il regagna Le Mans lors des événements révolutionnaires, où il participa aux cérémonies locales célébrées à l'époque, en composant des hymnes, *Pour la fête de l'Etre suprême*, *A la liberté*, *Pour la fête du 10 août*, qui furent déclamés publiquement.

Du Ponceau d'Oigny n'appréciant pas le gouvernement de l'Empire, s'adonna durant ce temps à poursuivre la rédaction de plusieurs tragédies.

La Restauration lui redonna des ailes. Il retrouva une pension sur la liste civile de 5 000 francs en qualité d'ancien gentilhomme de la chambre du roi.

En 1818, du Ponceau d'Oigny décida de se marier à 69 ans.

Sa vie active révolue donna au poète l'occasion de réfléchir sur son passé. Il composa de 1818 à 1824 son ouvrage capital *Les Quatre Ages de l'homme*.

A 80 ans, d'Oigny désirant revoir Paris aux beaux jours, entreprit un voyage dans la capitale, le 27 juillet 1830, débarquant sans le vouloir les jours mêmes des Trois Glorieuses (Révolution de 1830). Revenu au Mans, il s'éteignit dans son hôtel de la rue de la Verrerie, le 24 avril 1831.

Hôtel Chauvin du Ponceau d'Oigny rue de la Verrerie, gravure sur bois d'André Fertré. Coll. Etienne Bouton, cliché Dominique Breugnot.

◆ 1737-1828

Mathieu Guy Chesneau Desportes : une vie bien remplie

Hôtel Aubert de Clairaulnay, 108 Grande Rue

Dans cet hôtel vécut 51 ans, de 1777 à 1828, Mathieu Guy Chesneau Desportes, dont l'influence s'exerça sur la ville du Mans, depuis l'Ancien Régime jusqu'à la Restauration.

Descendant du jurisconsulte Bodereau et du cirier Leprince, Chesneau Desportes naquit au Mans, rue Saint-Vincent le 11 novembre 1737. Avocat à 25 ans, il remplaça en 1764 son père au poste de conseiller au siège du présidial du Mans et épousa, en 1765, Marie Louise, Renée Chesnay, dont il eut une fille en 1771[55].

M. Chesneau Desportes jouait du violon et de la guitare et à l'occasion chantait lors des mariages. En 1774, il prit l'initiative de provoquer la construction de la salle des concerts qui fut inaugurée le 28 mai 1776.

En mars 1777, M. Chesneau acheta l'hôtel 108 Grande Rue, à M. de Saint-Mars, où il entreprit de grands travaux. Changeant l'escalier de place et créant un couloir pour rendre les pièces indépendantes, il posa de grandes vitres aux fenêtres et des balconnets, plaçant sur le toit un paratonnerre. Il demanda à un des frères Chappe d'établir sur la façade une méridienne.

Il alla même faire installer une baignoire alimentée en eau chaude depuis la cuisine et un circuit d'eau pour se laver les mains dans la salle à manger avant de passer à table.

Portrait en médaillon de Mathieu Chesneau Desportes modelé par Etienne Bouton. Coll. Etienne Bouton, cliché Dominique Breugnot.

A son initiative, une société fut constituée en 1781, pour l'éclairage des rues du Mans, grâce à 100 réverbères qui furent mis en fonction le 5 décembre 1781.

La bibliothèque de M. Chesneau Desportes comprenait 916 volumes, parmi lesquels *L'encyclopédie* en 39 volumes, *Le Prince* de Machiavel, le théâtre de Pierre Corneille en 10 volumes, *Les Pensées* de Pascal, les comédies de Molière, les œuvres de Voltaire en

55 / **Les +** *de l'histoire* p.231

30 volumes, ainsi que celles de Jean-Jacques Rousseau.

Outre ses talents de musicien, M. Chesneau peignit, en 1786, différentes vues du Mans.

En 1787, il fut élu un des quinze membres du Tiers-Etat pour l'assemblée provinciale du Maine composée de 29 membres, mais il ne fut pas désigné aux états généraux de 1789.

Le 12 mai 1793, il perdit son épouse. Il fut arrêté le 30 septembre de cette même année, considéré comme suspect par le comité révolutionnaire et incarcéré 70 jours à la prison de la Visitation. L'arrivée des Vendéens sauva sa tête en le tirant de la prison le 10 décembre 1793. Il prit alors part à une municipalité provisoire afin de réorganiser la ville après le départ des troupes vendéennes et républicaines, en décidant notamment de l'ensevelissement des 2 200 cadavres tombés sur les pavés du Mans.

En mars 1794, le conseil général du Mans décida la création d'une commission des arts, dont la présidence lui fut confiée. Il fut aussi chargé par le Département de l'organisation des fêtes, des cérémonies publiques et des banquets officiels. En 1798, il s'insurgea contre le projet de destruction de la cathédrale du Mans et sauva ainsi le prestigieux monument manceau. Quatre membres du bureau des arts étant chargés en 1798 de rédiger un rapport sur l'invasion vendéenne de 1793, M. Chesneau Desportes en sera le rapporteur.

Le changement de siècle modifia la vie de M. Chesneau Desportes. En 1800, c'était un homme de 62 ans, grand maigre toujours valide, habillé de drap noir, bleu ou vert à boutons d'acier, bas blancs, souliers à boucles, ses cravates étant en soie ou en mousseline. Il avait gardé sa perruque à catogan. La seule fantaisie de ses tenues était ses gilets de couleur rouge ou turquoise et l'hiver il ne sortait qu'avec un grand manchon.

Suite à l'installation de Louis Auvray, comme premier préfet de la Sarthe, le 16 mai 1800, M. Chesneau Desportes fut nommé, par Bonaparte, conseiller de préfecture. Dans ses nouvelles fonctions, il s'investit pleinement lors du projet d'un nouveau pont sur la Sarthe (pont Napoléon, Royal puis Gambetta) en intervenant en 1805 auprès du ministre de l'Intérieur[56].

A la Restauration, âgé de 79 ans, il retourna sa veste pour alors servir le préfet du roi. Toujours chargé de préparer les fêtes, il fait dresser un mausolée dans la cathédrale pour la pompe funèbre célébrée en mémoire du roi Louis XVI.

En tant que secrétaire général de la préfecture, Chesneau Desportes procéda en 1817 et 1818 à la première organisation du dépôt des archives départementales de la Sarthe, dont il dressa un inventaire sommaire.

Nommé en 1819 chevalier de la Légion d'honneur, il fit élever en 1823 un magnifique arc de triomphe, place de la Mission, pour accueillir le 23 septembre le passage au Mans de son altesse royale Mme la duchesse d'Angoulême, fille de Louis XVI.

M. Chesneau Desportes ayant atteint ses 88 ans, ses fonctions déclinant, pensa que le moment de sa retraite était venu. Il décéda à 90 ans le 6 avril 1828.

L'hôtel de la Grande Rue qu'occupa 51 ans Mathieu Guy Chesneau Desportes. Cliché Dominique Breugnot.

56 / **Les +** *de l'histoire* p.231

◆ 1790

Le sort des églises de la ville du Mans

L'important retable de style lavallois qui orne actuellement l'église de Brains-sur-Gée aurait été acheté lors de la vente du mobilier de l'église de Gourdaine au Mans en 1792. Autour d'un tableau central, cinq niches, dont trois avec frontons, sont garnies de statues. Des anges siègent sur les rampants, des pots à feu, des guirlandes dorées décorent le fronton. Cliché Dominique Breugnot.

Avant l'époque révolutionnaire, la vie religieuse était au Mans répartie en seize paroisses, certaines importantes, d'autres modestes.

Il fut décidé par décret du 14 mai 1790 que, des seize paroisses, il n'en serait conservé que quatre : celles du Crucifix dans la construction de la cathédrale, de Notre-Dame-de-la-Couture dans l'abbatiale Saint-Pierre-Saint-Paul, de Notre-Dame-du-Pré dans l'abbatiale Saint-Julien-du-Pré, de Saint-Benoît dans son vieil édifice.

Onze des églises de paroisses abandonnées furent vendues à l'encan à partir du 14 octobre 1791 avec obligations de les détruire dans un délai de six mois[57].

Les acquéreurs n'achetaient en fait que le sol, les pierres des murs, les vitraux, le bois des charpentes, les ardoises ou tuiles. Quant au mobilier : stalles, autels, orgues, retables, statues, il avait été vendu séparément et les cloches étaient parties à la fonte.

La paroisse de Brains-sur-Gée acheta le retable de Gourdaine qu'elle fit remonter dans son église. Aux Cordeliers, M. Leprince de Claicigny se porta acquéreur de la grande *Mise au tombeau* en terre cuite de Gervais Delabarre, qui remplaça celle brisée dans la cathédrale.

Les églises des monastères d'hommes et de femmes subirent le même sort que celles des paroisses : les Minimes, les Jacobins, les Cordeliers, les Capucins, Beaulieu et le séminaire Saint-Charles, les Maillets, les Ursulines, la

---

57 / **Les +** *de l'histoire* p.232

remarquable chapelle du palais épiscopal, le prieuré Saint-Victor et même Saint-Martin-des-Orties en ruines.

Des utilisations provisoires retardèrent la destruction de deux églises : l'église paroissiale du Pré, ayant été transformée en four à pains et le couvent des Ursulines, servant de maison de détention, ne furent vendus respectivement qu'en 1797 et 1798.

L'abbatiale Saint-Vincent, destinée à devenir caserne, ne fut détruite par les militaires qu'en 1815.

Trois églises échappèrent à ce désastre : la collégiale Saint-Pierre-de-la-Cour, affectée à contenir momentanément l'orfèvrerie des églises, la Visitation, qui abrita les prisons et le palais de justice, Saint-Ouen qui resta chapelle du Collège (actuellement Montesquieu).

◆ 1758-1815

Louis Maulny, minéralogiste et collectionneur

Au-devant de la muraille dominant la paroisse de Gourdaine, précisément rue Danse-Renard, dans le quartier industriel des tanneurs et des mégissiers, bordant la rivière, naquit le 12 décembre 1758, Louis, Jean, Charles Maulny, fils d'un magistrat au présidial.

Louis, contraint par son père à faire des études de droit et étant plus enclin à courir la nature qu'à hanter les prétoires, se fit naturaliste. Cette profession, ne pouvant nourrir une famille, détermina le jeune Maulny à rester célibataire.

Toute sa vie, il herborisa les talus pour se constituer des herbiers et écorna de son marteau de géologue les roches pour en recueillir des éclats, qu'il étiqueta, classa et éventuellement échangea. Il constitua dans sa demeure un cabinet de curiosités, qui devint une des attractions de la ville, le faisant visiter, avec fierté, aux amateurs de passage au Mans. Piqué au vif par l'attrait de collectionner, il ajouta à ses 1 398 minéraux des crustacés, des serpents, des carapaces de tortues, des cornes de quadrupèdes et encore 50 poissons naturalisés, 150 volatiles empaillés ou à l'état de

Portrait de Louis Maulny. Personnage original, un tantinet farceur, il mena une vie indépendante, trompant toujours un peu son monde. Dessiné par Pelletier, lithographie de Monnoyer, vers 1830. Musées du Mans.

squelettes. Il conserva même un chat monstrueux et un agneau phénomène. Dans la section historique, il rassembla des monnaies et des médailles romaines ainsi que des sculptures, objets et tessons gallo-romains qu'il prétendait avoir déterrés dans sa propriété de Port Belo à Allonnes.

Membre de plusieurs sociétés savantes, il correspondait avec elles, échangeant des plantes et des pierres avec des amateurs. Il contribua à sa façon au renom historique de la ville en dessinant les curiosités du passé cénoman : le dolmen, les arènes, le portail de la Pierre au laict, la chapelle de l'évêché, etc. qu'il adressait à ses amis correspondants.

Le plus bel objet de sa collection fut l'émail de Geoffroy Plantagenêt, qu'il se sentit fautif de posséder, car il le cacha de la vue de tous, même de la sienne, durant 25 ans, en le clouant au dos d'une armoire ! Il l'avait en effet subtilisé en 1792 dans la cathédrale au nez et à la barbe des révolutionnaires amateurs de métal cuivreux. Sans ce rapt, la plaque eût été fondue, alors qu'aujourd'hui elle est devenue l'objet phare du Carré Plantagenêt.

Au Mans, Maulny avait acquis une certaine notoriété, devenu l'homme indispensable en son domaine. Aussi lui confia-t-on la rédaction du premier catalogue du muséum.

A 54 ans, il décida de transporter ses collections dans un hôtel plus digne de les recevoir. Il acheta, le 21 avril 1813, l'hôtel Prudhomme de la Boussinière, situé non loin de chez lui. Là, lui et tous ses objets, maintenant à l'aise dans un splendide écrin, ne restèrent que deux ans, car Maulny décéda le 18 mars 1815 âgé de 56 ans. Le Département désirant sauvegarder une partie des objets que Maulny avait rassemblés, ceux particulièrement relatifs à la Sarthe, acheta sa collection minéralogique en 1816 pour le musée du Mans institué en 1798.

« Troupiale de Cayenne à ventre rouge », moitié d'oiseau naturalisé, collée sur un papier de fond, procédé employé parfois par Maulny pour sa collection. Coll. Etienne Bouton, cliché Dominique Breugnot.

◆ XVIIIe et début XIXe siècles

Les Lemaire : une famille de sculpteurs

Rue Saint-Honoré et Grande Rue

Six membres d'une même famille de sculpteurs manceaux, les Lemaire, œuvrèrent dans le Maine au XVIIIe siècle, particulièrement pour la décoration des églises. L'un d'eux, François Lemaire, avait un fils, qu'il envoya à Paris, pour parfaire son art auprès du sculpteur Beauvalet.

De retour au Mans en 1779, il s'installa Grande Rue, à l'entrée de la rue Saint-Honoré, mais c'est dans l'atelier de son père, rue Basse (rue Nationale), qu'il travailla et entreposa ses œuvres probablement en terre cuite. Il modela des bustes de Louis XVI ainsi qu'un buste de la reine Marie-Antoinette et vendit plus tard des bustes de Bonaparte.

En décembre 1783, Lemaire, réussit à obtenir un blanc poli aussi beau que le marbre. Il proposa à la vente une très belle *Vierge* et un beau *Saint-Sébastien* et réalisa également des autels, tant en bois qu'en pierre ou plâtre, des tabernacles, des trumeaux de cheminées ou encore des tables à la grecque pour la décoration des appartements.

Pendant les années révolutionnaires, durant lesquelles vingt-et-une églises du Mans furent démolies, Lemaire acheta les mobiliers, les autels, les retables et les statues qu'il s'efforça de revendre à des paroisses de campagne, avant la démolition des églises de la ville.

◆ 1792-1799

Desportes de la Fosse, indienneur

Hôtel Desportes de Linières, 7 rue des Boucheries et manufacture rue Saint-Victor

L'hôtel du milieu du XVIIIe siècle rue des Boucheries, au toit brisé, faisant face au débouché de la rue des Poules, fut construit par Charles Desportes de Linières, maître des Forges d'Antoigné, puis fermier général de la baronnie de Bonnétable. Pour désigner à tout passant sa demeure, M. Desportes fit insérer ses initiales aux balconnets de ses fenêtres.

Le quatrième des huit enfants de la famille, Jacques Michel Desportes de la Fosse fut commerçant en étamines jusqu'en 1791, époque à laquelle il dut changer de situation. La Révolution, ayant supprimé les ordres religieux, avait porté un coup fatal à la confection des vêtements en étamine, essentiellement utilisés par les membres du clergé et les religieuses. Desportes de la Fosse acheta le 31 janvier 1792, à la vente des biens ecclésiastiques, dans le quartier Saint-Jean de la Chevrie, la maison prieurale de Saint-Victor, dont le terrain était situé en bordure de la rivière, dans le but d'y établir une manufacture de toiles peintes, tissus imprimés communément dénommés « indiennes ».

Le nouvel indienneur commanda à son menuisier trente-deux tables à imprimer.

Voici deux des indiennes de Desportes. La fabrique mancelle n'aura hélas duré que sept ans. Coll. Etienne Bouton, clichés Dominique Breugnot.

Pour réaliser ses projets, il embaucha une dessinatrice, dont les dessins étaient entaillés dans des bois par huit graveurs, puis parachevés par un picoteur. Il s'adjoignit un teinturier pour la préparation des drogues et des imprimeurs aidés de tireurs. D'autres ouvriers révélaient les couleurs dans des bains acides, soit près de 300 hommes, femmes et enfants qui travaillaient quotidiennement dans l'entreprise. La concurrence fut rude avec les manufactures déjà établies en France : Jouy, Nantes, Rouen, Orange, Mulhouse, etc.

La fabrique, mise en faillite en 1799, ne dura qu'à peine 7 années. A sa fermeture, 38 personnes y étaient encore employées, dont sept graveurs sur bois.

Sept autres petites entreprises ne comprenant que deux ou trois artisans, travaillaient au Mans, parallèlement à la fabrique Desportes de la Fosse. La dernière entreprise imprima jusqu'en 1805 des mouchoirs d'indiennes, puis disparut. L'activité de l'industrie des indiennes du Mans s'étala sur une quinzaine d'années de 1790 à 1805.

◆ Révolution

Une auberge difficile à baptiser

Grande Rue (emplacement du tunnel)

La coupe sombre faite en 1870 dans les constructions de la Grande Rue, pour la réalisation du tunnel, a privé cette portion de la cité d'une vingtaine de maisons de commerce, construites en colombages. Chacune d'elles avait abrité de nombreux occupants dont il est parfois encore possible, pour certains, de retrouver la trace.

Dans l'espace des constructions aujourd'hui disparues se situait une auberge ayant pour enseigne *Au Duc de Bourgogne*. On y mangeait bien, on y dormait de même. Le nouvel hôte, le citoyen Bigot, n'avait point de souci, si ce n'est qu'en 1792, la suppression des emblèmes de la royauté, exigée par la Révolution, le contraignit à changer le nom de son établissement. Il lui fallut trouver une nouvelle enseigne et rompre subitement avec l'ancien nom. C'est ce que fit son confrère de l'auberge *Saint-Louis* qui, du jour au lendemain, devint *La Boule d'Or*. Craignant de perdre sa clientèle, Bigot procéda par petites touches. D'abord, il supprima le mot « duc ». Ainsi son auberge devint celle *Du vin de Bourgogne*. Hélas, les habitués continuèrent à se donner rendez-vous au *Vin du duc de bourgogne*. Il fallut encore changer pour gommer le passé. L'enseigne fut repeinte *A la bouteille de vin de bourgogne*. Ce n'était pas encore assez. En l'an 11 (1797), l'enseigne fut réduite à sa plus simple dénomination *A la bouteille*.

Voici les maisons de la Grande Rue, abattues en 1870, pour réaliser le tunnel. L'une d'elles était l'auberge du duc de Bourgogne, dans une autre Leloup tenait boutique. Dessin de Charles Dugasseau, 1852. Musées du Mans.

◆ 1793

Le Mans coiffé par la République

Annonce relevée le lundi 7 janvier 1793 dans les *Affiches du Mans et du département de la Sarthe* : « *Vente de chapeaux appartenant à la république. Le conseil général de la commune du Mans avertit le public, qu'en conséquence des ordres qui lui ont été adressés par le ministère de la Guerre il sera proposé le 14 janvier 1793 à neuf heures du matin, en la salle des actes du Collège en présence des commissaires du conseil général de la commune à la vente de mille quatre cent quatre vingt chapeaux, restant en magasin militaire. Les chapeaux seront vendus par 6 et par 12, toutes personnes seront tenues à enchérir en payant comptant.* »

Tricorne avec cocarde époque de la Révolution. Coll. Etienne Bouton, cliché Dominique Breugnot.

◆ Novembre 1793

Les rues du Mans changent de noms

Dans leur acharnement à faire table rase du passé, les révolutionnaires changèrent les noms des mois, modifièrent la division de la semaine, remplacèrent les fêtes des jours par des appellations d'animaux familiers, de légumes, de fleurs ou d'instruments agricoles, travail rédigé par Fabre d'Eglantine. Certaines villes durent perdre le qualificatif de « saint » précédant leur nom ancestral. Au Mans, ce furent une trentaine de rues qui se virent déposséder de leurs identifications pour recevoir, en échange, les noms de citoyens exemplaires, ceux de devises républicaines ou d'un cri patriotique. La décision fut prise par le procureur du Conseil général de la fabrique du Mans, le 18 brumaire de l'an II, (28 novembre 1793).

Les nouveaux noms furent peints à chaque carrefour en lettres noires sur fond blanc. Ces nouvelles appellations ne furent qu'en usage quelques années seulement, jusqu'en 1800.

Le territoire de la commune du Mans fut divisé en quatre sections : Liberté, Montagne, Egalité et Marat.

C'est sur la place Saint-Pierre que fut planté, à la Révolution, un arbre de la liberté. Aussi fut-elle toute indiquée pour recevoir le nom de « Liberté ». Cliché Dominique Breugnot.

Dénominations anciennes de quelques rues et églises[58]	Dénominations révolutionnaires
Rue Saint-Flaceau	Rue Jean-Jacques-Rousseau
Rue Saint-Honoré	Rue Marat
Rue Saint-Julien-le-Pauvre	Rue Brutus
Grande Rue	Rue de la Sarthe
Place Saint-Pierre	Place de la Liberté
Place des Jacobins	Place de la Réunion
Place Saint-Michel	Place de la Frugalité
Rue de la Croix-de-Pierre	Rue des Défroqués
Rue de Gourdaine	Rue Ça-Ira
La cathédrale	Temple de la Vérité
La Couture	Temple de la Raison

58 / **Les +** *de l'histoire* p.232

◆ 1793 et 1799

Les Vendéens à la conquête du Mans

Le 23 frimaire de l'an II, vendredi 13 décembre 1793, Le Mans fut, à son corps défendant, le théâtre d'une bataille sanglante.

Le peuple de la Vendée s'étant rebellé, en mars 1793, face à la mobilisation générale républicaine de trois cent mille hommes, pour aller défendre les frontières de l'Est, errait dans l'ouest de la France en troupes mal organisées, cherchant à rallier à sa cause le maximum d'individus.

Après les échecs subits à Granville, où les secours anglais ne parvinrent pas, puis après une défaite à Angers, les Vendéens se dirigèrent vers le Mans, espérant y trouver meilleur accueil.

Les Manceaux valides ayant appris l'approche des royalistes, craignant d'être par eux enrôlés de force, quittèrent promptement la ville, laissant sur place les vieillards, les femmes et les enfants ainsi que les prisonniers dans leurs geôles.

Lorsque le 10 décembre au soir, la caravane vendéenne, forte de quarante à quarante-cinq mille individus arriva à Pontlieue, elle ne trouva qu'une faible résistance. Aussi, c'est en vainqueur de peu de mérite qu'elle s'appropria aisément la ville, celle-ci ne comptant à l'ordinaire que 18 000 âmes. Le défilé des Vendéens dura quatre heures, en tête un seul drapeau blanc brodé de fleurs de lys, escorté des chefs : Talmont, La Roche-

La bataille du Mans place des Halles. Marceau écoute la supplique d'Angélique des Melliers, Vendéenne séparée de sa mère. Tableau de Jean Sorieul (1823-1871). Musées du Mans.

jaquelein et Stofflet, suivis de 3 000 cavaliers, 32 pièces de canon, 10 000 fantassins, de nombreux paysans en sabots ayant pour toutes armes des fourches et des faux, suivis de cinq cents épouses d'officiers montées à cheval, d'une cinquantaine de carrosses bondés de femmes et de prêtres, des charrettes les unes chargées de blé, d'avoine ou de foin, d'autres de blessés, de bagages et de munitions. Enfin, des animaux de toute nature, dérobés dans des fermes, suivaient en troupeaux. Fatigués, beaucoup étaient affamés ou malades de dysenterie. Ils forcèrent les portes des maisons pour s'y loger par groupes de quarante, parfois de quatre-vingts individus. Tous réclamaient de la nourriture, des chemises ou des souliers, s'emparant occasionnellement d'armes abandonnées.

Le lendemain matin, alors que tous dormaient encore, les chefs tenant conseil à l'hôtel de la Biche, observant les issues de la ville, constatèrent l'impossibilité de s'y tenir, puis décidèrent alors de la quitter au plus vite. Cependant, un différent d'importance les opposait pour choisir la direction à prendre : Talmont suivait son projet de se porter sur Paris, tandis que La Rochejaquelein, par prudence, désirait retraverser la Loire.

Au matin du 12 décembre, les hussards de Westermann s'annoncèrent sur la route d'Arnage. En ville, l'appel au rassemblement des Vendéens fut sonné au clairon. Seuls les plus courageux y répondirent en se dirigeant sur Pontlieue où, à une heure de l'après-midi, la bataille s'engagea. Les royalistes réussirent à faire se retrancher les républicains en direction de Parigné et du Lude, mais nombre de belligérants y laissèrent la vie.

Croyant les avoir vaincus, les blancs (Vendéens) retournèrent en ville. Les bleus (républicains) étaient revenus et, montant la rue Basse (rue Nationale), se présentèrent au Puits de quatre roues où l'affrontement reprit de plus belle. Marceau arriva en renfort pour libérer la ville. Ce furent dès lors des batailles de rues. Depuis les étages des maisons, les Vendéens tirèrent sur les républicains et la nuit venue, la bataille se prolongea dans l'obscurité jusqu'à minuit, sous une fine pluie.

Les canons vendéens postés au haut de la place des Halles, (place de la République) restèrent en action pour protéger l'évacuation des troupes qui se fit durant toute la nuit.

Soldats-paysans vendéens, dessin de Paul Cordonnier-Détrie. Coll. Etienne Bouton, clichés Dominique Breugnot.

A sept heures du matin, l'avant-garde républicaine pénétra place des Halles, par la rue du Puits-de-quatre-roues, (actuelle rue du Docteur-Leroy) où elle se déploya en canonnant vivement.

Tandis que les meilleurs soldats des rebelles cherchaient encore à tenir, sur la place de l'Eperon s'engagea le combat le plus sanglant à coups de fusils, de baïonnettes et de sabres.

Les derniers survivants royalistes purent, avec peine, espérer parvenir à la route de Laval, par la rue de la Vieille-Porte, la rue Dorée, le pont Perrin et la rue Montoise, malgré les amas de cadavres, de canons et autres obstacles qui obstruaient le passage.

Certains, cherchant à fuir, s'enfilèrent dans la rue des Boucheries. Là, ils se heurtèrent à l'infranchissable escalier qui la termine, où ils furent fusillés sur les marches rougies de sang. Le Mans fut le théâtre de l'horreur d'une ville prise d'assaut.

A huit heures, le jour se levant, la bataille s'acheva, de nombreux blessés se traînaient ou gisaient encore au sol. Marceau s'efforça d'interdire à ses soldats les actes de barbarisme.

Le samedi 14 décembre, des Manceaux restés sur place remplacèrent les responsables absents de la municipalité, pour prendre des décisions urgentes. On enterra 2 200 corps, sans que l'on puisse au juste déterminer à quel parti ils appartenaient et encore moins les identifier, car la plupart avaient été dépouillés de leurs vêtements. Quatre-vingt quinze charroies véhiculèrent les corps, vers la nouvelle promenade des Jacobins alors en travaux, où des fosses furent creusées. Les rues furent nettoyées pour enrayer autant que possible les épidémies menaçantes.

Ces horribles journées de crimes fratricides laissèrent de toutes parts un grand malaise dont le souvenir, deux siècles plus tard, n'a pas disparu.

Non contents de l'échec de 1793, 3 200 royalistes sous le nom de chouans, investirent à nouveau le Mans le 15 octobre 1799, en saccageant les services administratifs et publics, la bibliothèque, le musée, emportant de plus un butin d'objets d'art. Restés trois jours entiers, ils quittèrent la ville le 17 au soir, avant l'arrivée de la troupe dépêchée pour les combattre.

◆ 1771-vers 1840

Isaac Moiré, rémouleur poète

Escalier des Boucheries (primitivement dénommé Saint-Flaceau)

L'escalier des Boucheries fut établi en 1693, permettant de faire communiquer la ville haute avec le bâtiment nouvellement construit en bas, dans lequel les bouchers, tripiers, charcutiers, volaillers, étaient tenus d'avoir chacun leur étal.

Isaac Moiré, né au Mans le 9 octobre 1771, d'une modeste famille, n'apprit à lire qu'à l'âge de 15 ans et dut très jeune travailler. N'ayant fait aucun apprentissage, il exerça toutes sortes de métiers, comme maître à danser ou marchand de tabac. Enfin, sous le premier Empire, il s'installa rémouleur près des bouchers, pour leur apporter à tout moment ses services.

Sa boutique aménagée en-dessous des marches de l'escalier ressemblait à une grotte, les minuscules fenêtres laissaient pénétrer intérieurement la clarté du jour avec parcimonie.

Notre rémouleur gagnait péniblement sa vie. Aussi avait-t-il adjoint à sa profession de gagne-petit, celle de marchand de vieux livres, d'images et de souricières.

Isaac s'enrichissait l'esprit en dévorant les livres de sa boutique et ceux qu'il retirait de la bibliothèque publique. Racine fut semble-t-il, son auteur préféré ! Il appréciait la cadence de ses alexandrins qu'il se récitait au rythme du pédalier de sa meule.

La boutique du gagne-petit, Isaac Moiré, sous l'escalier des Boucheries descendant de la rue Saint-Flaceau. Cliché Dominique Breugnot.

L'idée lui vint de versifier à son tour. Isaac Moiré, « poète-artisan » comme il se qualifiait lui-même, eut des démêlés avec la police. Après l'Empire, il écoulait encore les invendus de son petit stock d'images à la gloire de Napoléon, ce qui lui valut d'être inquiété par les sbires de Louis XVIII et de passer devant le tribunal, qui ne retint pourtant pas ce délit.

Tous les événements auxquels le hasard faisait participer Moiré l'inspiraient. Lors du passage au Mans de Mgr le duc d'Angoulême, le 11 août 1814, Moiré lui dédia un poème qui valut à son auteur de recevoir du prince la décoration du lys. Même les souris, ses compagnes de boutique, lui donnèrent matière à écrire. Sur elles, il composa un poème en cinq chants, qu'il fit imprimer en 1818.

Des lettrés manceaux se moquèrent de ce « poète rémouleur », en sabots et en tablier de cuir. Certains allèrent jusqu'à dessiner sur la porte de son échoppe deux têtes d'âne avec une longue légende satyrique rimée. Moiré leur répondit ainsi :

« Pour effacer les noms,
des sages du Portique,
« Deux généreux amis
mais immortels censeurs
« Sur le volet qui clot
ma modeste boutique
« Eux-mêmes se sont peints
sur de riches couleurs. »

En 1819, il chanta les agréments du jardin public de la promenade du Greffier. L'année suivante, ce fut une élégie sur *La Mort du duc de Berry*.

En 1823, Moiré quitta son échoppe pour habiter 3 Grande Rue, près de la cathédrale, s'installant comme bouquiniste. Il inventa une arithmétique ingénieuse pouvant apprendre en peu de temps à calculer aux personnes âgées, même aux aveugles, mais son invention n'intéressa personne. Moiré ne se sentit pas reconnu et on perdit ensuite sa trace. Il décéda vers 1840.

◆ 1800

Passage éclair au Mans du général Bernadotte, futur roi de Suède et de Norvège

1 et 3 rue des Chanoines

En février 1792, l'ancienne maison canoniale de « La Macre », à l'angle de la rue des Chanoines et des degrés de la Poterne descendant à la pierre de Tucé, fut achetée comme bien national et passa par la suite entre les mains du général de brigade Delarue, commandant la place du Mans. Il y fit de grandes transformations pour la métamorphoser en demeure moderne de style Directoire.

Les travaux étaient sans doute achevés, lorsque le 21 vendémiaire, an 9, (13 octobre 1800), Delarue eut l'honneur de recevoir chez lui le général Bernadotte, futur roi de Suède et de Norvège, de passage au Mans. Ne traversant la ville que de nuit, sa visite fut de courte durée. Les affiches du Mans relatèrent cet événement : « *Le citoyen Bernadotte, conseiller d'Etat et général en chef de l'armée de l'Ouest, est passé par ici. Il est arrivé à 9 heures du soir, toute la garnison et la garde nationale étaient sous les armes pour le recevoir. Une foule immense de citoyens s'était rendue sur la route par où il devait passer, mais tous les habitants ont été privés de le voir. A la chute du jour, l'on fit retirer toutes les troupes, Il soupa chez le général de brigade Delarue et il repartit le lendemain dès 4 heures du matin pour se rendre à Paris.* »

Cet important personnage passa au Mans comme le vent, il ne vit rien de la ville et aucun citoyen ne l'aperçut.

Gravure du XIXe de Bernadotte
© Jean-Paul Dumontier / LA COLLECTION.

Façade de la maison du général Delarue, dans laquelle le général Bernadotte descendit le 21 vendémiaire, an 9. Cliché Dominique Breugnot.

◆ Fin XVIIIe et début XIXe siècles

M. Dubois de Montulé, son fils et la chanteuse d'Amon

18 rue de la Verrerie

A la fin du XVIIIe siècle, M. Dubois de Montulé et M. de Châteaufort conversaient au premier étage d'un café de la place des Halles. S'adossant tous deux au balconnet de la fenêtre, celui-ci se descella sous leurs pressions. Les deux hommes chutèrent au sol. M. de Chateaufort se tua et M. de Montulé, grièvement blessé, eut recours aux soins du chirurgien René Levasseur.

Edouard de Montulé fils, né à Sainte-Croix le 12 mai 1792, fut un intrépide officier de cavalerie légère. Le goût de l'aventure l'emporta parfois loin à l'étranger. Enthousiasmé par les découvertes que firent en Egypte les savants emmenés par Bonaparte, il entreprit à son tour l'expédition en 1818, en revint en 1819 chargé d'objets de fouilles, dont la momie d'une chanteuse d'Amon, reposant sous un couvercle-planche, dans un imposant sarcophage.

Débarquant à Marseille, Montulé fit acheminer ses souvenirs égyptiens jusqu'à son domicile, du 18 rue de la Verrerie. La cohabitation avec sa chanteuse égyptienne dura un an. Il fit don de la momie en 1821 au muséum de la préfecture où elle fut exposée, devenant pendant un siècle la curiosité de ce lieu. On allait au musée pour « voir la momie ». L'ensemble fut transporté, en 1927, au musée de Tessé et constitua l'actuelle galerie égyptienne. Edouard Dubois de Montulé décéda au Mans le 1er mars 1828.

Couvercle-planche posé sur la momie de la chanteuse d'Amon rapportée d'Egypte par Edouard de Montulé. Musées du Mans.

PARTIE
5

XIXe et XXe siècles : L'avilissement du Vieux Mans, puis la renaissance de la Cité Plantagenêt

L'aspect de la rue des Pelluettes à la fin du XIXe siècle nous montre le triste état des maisons n'ayant subi aucune modification depuis le XVe siècle. Dessin de Léon Benett, vers 1860. Musées du Mans.

Le cœur historique de la ville, qui avait connu au fil des ans des jours glorieux et des épreuves, fut, vers 1840, peu à peu abandonné par ses habitants, cherchant ailleurs des terrains pour construire des maisons avec jardins, leur faisant ici défaut.

Les anciens hôtels de la cité, abandonnés, tombèrent entre les mains de simples gens, qui cherchèrent à les rentabiliser, en les divisant par étages, sans leur apporter les équipements indispensables. Les façades en encorbellement des maisons de bois qui, au XVIIIe siècle, avaient été recouvertes d'un encroûtement de mortier, par ordre de la Généralité de Tours, pour éviter la propagation des incendies, furent maintenant dotées de grands entonnoirs en zinc, assurant la chute des eaux sales du haut des étages sur la chaussée. A ce nouvel aspect peu esthétique, s'associa une odeur nauséabonde.

Un malheur n'arrivant jamais seul, le XIXe siècle fut l'époque à laquelle Paris décréta que les interdits de séjour de la capitale devaient à l'avenir habiter au delà de 200 km. Des individus peu recommandables étant venu loger dans le Vieux Mans contribuèrent à dégrader sa réputation déjà entamée.

Cette très mauvaise occupation eut cependant, pour l'avenir, un petit avantage. Les propriétaires des maisons ayant du mal à être payés de leurs occupants n'engagèrent aucune transformation, conservant aux immeubles leur état du XVIIIe.

Par ailleurs, en contrebas de la cathédrale, dans l'ancien quartier de Gourdaine, plus particulièrement dans les rues des Pans-de-Gorron et des Chapelains, les prostituées attiraient quotidiennement les hommes qui fréquentaient ce quartier mal famé.

Le hasard voulut qu'en 1905, les politiques ayant décrété la séparation de l'Eglise avec l'Etat, la loi chassa Mgr de Bonfils de son évêché de Tessé.

L'évêque expulsé vint en 1907 habiter le Grabatoire, se rapprochant de la cathédrale qui maintenant lui faisait face, mais côtoyant par l'arrière le quartier de la prostitution. Les évêques Mgr de Bonfils, Mgr de la Porte et Mgr Grente cherchèrent à supprimer cette fâcheuse cohabitation, en achetant les maisons de tolérance, lorsqu'elles étaient en vente. Ne pouvant en chasser les occupants, depuis la loi du maintien des locataires dans les lieux, l'évêché en touchait les loyers. Cette cocasse situation amusa un journaliste de *L'Œuvre*. Celui-ci, La Fouchardière, la fit découvrir à ses lecteurs le 25 octobre 1924.

Mgr Grente releva l'affront en intentant un procès en diffamation, qui opposa deux maîtres du barreau, André l'Eleu et Maurice Garçon. Le tribunal condamna *L'Œuvre* à cent francs de dommages et intérêts. En 1946, Maurice Garçon rejoignit Mgr Grente à l'Académie française.

Le Vieux Mans meurtri commença à retrouver sa dignité avec le maire Arsène Lefeuvre qui, en 1927, dégagea une partie de l'hôtel de ville étouffé par les boutiques massées en bordure des marches de l'escalier du pont Neuf.

Le véritable intérêt pour les vieux quartiers s'éveilla à l'issue de la Seconde Guerre mondiale et notamment avec la loi Malraux de 1962 obligeant à des restaurations plus respectueuses du passé.

Il fallait avant tout faire passer en sous-sol des rues l'eau, le gaz, l'électricité, le téléphone (en 1977) et le tout-à-l'égout, éléments indispensables sans lesquels aucun confort ne pouvait être apporté aux habitations. Les travaux ne furent réalisés dans la plupart des rues des vieux quartiers qu'en 1965.

Le dégagement de la muraille romaine provoqua une sensationnelle découverte. Sa restauration menée de front avec les assainissements des rues et des maisons fut pour la cité mancelle un renouveau exemplaire d'un intérêt exceptionnel.

Rue de l'Escalier-des-Pans-de-Gorron, ou rue Tournante, dépourvue de marches comme l'étaient encore au début du XIXe siècle plusieurs rues de la cité médiévale en forte pente. Dessin attribué à Narcisse Le Blond, septembre 1848. Médiathèque Louis-Aragon du Mans.

1

Les lieux de prostitutions au Mans au XIXe et au début du XXe siècle

Suite aux ventes nationales des biens ecclésiastiques en 1792, les prostituées, n'ayant pas eu, aux siècles précédant la Révolution, de lieux fixes pour exercer leurs talents, se regroupèrent en contrebas de la cathédrale. Ainsi l'escalier des Pans-de-Gorron et la rue Tournante, devinrent en 1796 le quartier réservé aux catins de plus en plus nombreuses. En 1810, une maison de tolérance se trouvait 61 Grande Rue et on en dénombrait plusieurs en 1817 rue de Gourdaine. L'appauvrissement au XIXe siècle du niveau social dans ce quartier de la vieille cité y favorisa la concentration de cette profession.

En 1855, outre trois maisons d'accueil, 17 prostituées, enregistrées sous la profession de brodeuses, ont leur demeure personnelle rue des Pans-de-Gorron, rue de l'Escalier-des-Pans-de-Gorron et rue des Chapelains. Le manque de sédentarité de ces filles de joie, passant aisément d'une ville à l'autre, modifia l'enregistrement de leur domicile. Ainsi, dans les annuaires, on ne trouve plus leur nom, mais l'adresse de leurs logeuses dans le quartier Gorron-Chapelains : seize en 1870 et dix-huit en 1882.

Pour attirer l'attention et arrêter les pas indécis des visiteurs, les mères maquerelles font surmonter leur porte d'une grande enseigne en fer s'avançant au-dessus de la chaussée. Ces bras indicateurs exhibent une boule blanche ayant sur deux faces un gros numéro, celui de l'accueillante maison. Si le passant est plus préoccupé à regarder où il met les pieds qu'à lever la tête, il voit le même chiffre s'étaler au sol, parfois composé en mosaïque.

La rue des Pans-de-Gorron, la rue des Chapelains et la rue Tournante, au pied de la cathédrale, furent au XIXe siècle et au début du XXe siècle, le quartier de la prostitution au Mans. Coll. Etienne Bouton, cliché Dominique Breugnot.

Chaque maison de passe avait son numéro largement affiché au-dessus de la porte et parfois même au sol. Photo Ville du Mans, Pierre Poirrier.

◆ 1805-1875

Magloire Tournesac, architecte des jésuites

1 Grande Rue

Dans la maison portant le n°1 de la Grande Rue, présentement rue de la Reine-Bérengère, habita de 1843 à 1853 le chanoine Magloire Tournesac, né à Saint-Mars-d'Outillé en 1805. Apprenti cordonnier chez son père, ordonné prêtre en 1833, il fut nommé prêtre sacristain à l'église de la Couture. Compétant en art architectural, il restaura les églises du Pré et de la Couture. Il assuma, dès 1836, les fonctions d'inspecteur des monuments historiques de la Sarthe, ce qui l'amena en 1837 à rédiger des rapports sur les églises de Sillé-le-Guillaume, d'Evron et d'Ambrières.

Tournesac, s'intéressant particulièrement à l'art ogival, quitta en 1843 son rôle de sacristain pour venir habiter dans la vieille ville et mener à bien durant dix années des études architecturales.

Le cimetière Sainte-Croix situé alors dans l'actuel quartier de la rue Chanzy, devant être abandonné, Tournesac fit l'étude des tombes. Pour enrichir le musée archéologique du Mans, l'abbé lui donna en 1848 quatre primitifs français du XVe siècle de l'école du Val de Loire, provenant initialement de l'église prieurale de Vivoin pour laquelle ils avaient été peints.

Ayant adhéré à la compagnie de Jésus en 1853, il devint l'architecte officiel des jésuites de France, pour lesquels il traça les plans de nombreuses églises, restaura et agrandit des couvents. On lui attribue la participation à plus de soixante édifices religieux.

Après Lille, Amiens, Issenheim et Nantes, il dessina les plans de l'église de la rue de Sèvres dont Viollet-le-Duc disait qu'il « *était le chef d'œuvre d'art gothique moderne* ». Au Mans, on doit à Tournesac la construction de l'église Sainte-Croix consacrée le 17 juin 1857 et à Laval le transept de la cathédrale. Après d'impressionnants services rendus aux jésuites, il revint habiter au Mans où il décéda le 3 janvier 1875.

◆ 1865

La dernière chaise à porteurs du Mans

Durant une partie du second Empire et presque jusqu'à l'année précédant la guerre franco-prussienne, tous les dimanches matin deux domestiques acheminaient une chaise à porteurs pour la faire pénétrer dans la cathédrale. Les valets la déposaient sous les orgues, il en sortait une vieille dame impotente, Mme Verdier, veuve d'un fabricant de toiles, qui venait ponctuellement assister à la messe de 9 heures. Dès la fin de l'office, la bonne dame reprenait son moyen de transport quelque peu cahotant et l'équipage repartait

Retable dit « de Vivoin » :
L'Adoration des mages, panneau peint sur bois, seconde moitié du XVe siècle, école française du Val de Loire, faisant partie d'un superbe ensemble de quatre chefs-d'œuvre réalisés pour le prieuré Saint-Hippolyte de Vivoin. Musées du Mans.

de bons pieds pour la rue Saint-Ouen (Montesquieu) où la véhiculée habitait.
Après le décès de Mme Verdier, sa chaise lui survécut. Elle eut même plus qu'avant ses moments de succès, car achetée par l'administration du théâtre, elle participa à l'entrée en scène de quelques belles actrices.
Cette chaise à porteurs qui fit tant de voyages vers la cathédrale fut la dernière à avoir circulé utilement dans les rues du Mans.

Chaise à porteur
du XVIIIe siècle.
Musées du Mans.

◆ 1875-1877

Construction du tunnel

Le tunnel, qui, maintenant, sépare en deux parties l'antique cité mancelle de Vindinum, a sa voûte si haute, qu'elle étonne toujours les étrangers de passage au Mans.

Quelle fut donc la raison de ce tunnel et pourquoi avoir décidé de l'établir à cet endroit ?

Sous le règne de Louis-Philippe, la ville du Mans décida, en 1833, pour favoriser l'extension du quartier de la Couture, d'en retirer son principal cimetière, en le reportant à l'ouest, de l'autre côté de la rivière, dans le quartier de la Madeleine.

Dès lors, les cortèges funèbres sortant de la cathédrale, désirant aller au plus court, descendaient l'abrupt escalier des Pans-de-Gorron, traversaient le quartier de la prostitution avant d'aller rejoindre le pont Yssoir, pour passer la rivière, ce qui n'était pas sans poser quelques problèmes.

Afin de satisfaire les réclamations des mécontents, un autre cheminement fut tracé par la rue des Chanoines, l'escalier de la Pierre de Tucé, un petit retour par la rue des Chapelains et la descente de la colline par un nouvel escalier construit, face au pont Yssoir, suivant un décret municipal du 21 décembre 1849 ; mais il fallait toujours descendre une centaine de marches, avec les risques possibles de chutes.

Le projet d'un tunnel souterrain fut alors adopté en 1850. En 1855, l'ingénieur Eugène Caillaux fit trois propositions : une tranchée à ciel ouvert, un souterrain complet ou un demi-souterrain haut seulement de 7 mètres et long de 95 mètres, gardant toutes les constructions de la Grande Rue et celles de la rue des Chanoines. Un conseiller, M. Doré, proposa de transformer les 95 mètres du dessus en un square. C'est ce troisième projet modifié qui fut adopté.

L'entrepreneur Gellerat dut en 1873-1874 multiplier les contreforts pour éviter l'effondrement des maisons. Dessiné par E. Villot, 1874. Médiathèque Louis-Aragon du Mans.

A DEROY

Le percement du tunnel à ciel ouvert fut un immense chantier, un grand péril pour les maisons conservées bordant la tranchée. Au fond, une passerelle remplaça provisoirement le passage de la Grande Rue. Dessin gravé par A. Deroy, 1877. Médiathèque Louis-Aragon du Mans.

Afin de reconnaître la nature du sous-sol de la colline, un souterrain d'une ouverture de 2,60 mètres, fut creusé. Ce passage étayé, obscure et humide, long de 172 mètres, ne fut pas autorisé à la circulation, cependant certains s'y risquèrent à leurs dépens. Ce souterrain provisoire fut muré en 1857.

Portrait d'Eugène Caillaux, ingénieur, concepteur des plans du tunnel, peint par Lionel Royer en 1886. Musées du Mans.

Les propriétaires ayant été expropriés, leurs maisons commencèrent à être démolies en 1870, depuis Les Jacobins jusqu'à la Grande Rue.

Après la guerre franco-prussienne qui avait arrêté les travaux, le projet, retiré à M. Caillaux, fut confié en août 1873 à M. Gellerat, entrepreneur incompétent, qui fit une tranchée centrale, provoquant de part et d'autre des éboulements, avant de se retirer définitivement du chantier en décembre 1874.

A la fin de 1875, deux ingénieurs manceaux, Henri Thoré et Théophile Ricour, réparèrent le désastre en cours et édifièrent le tunnel en l'espace de deux ans, le terminant à l'automne 1877. Contrairement au projet d'Eugène Caillaux, pourtant voté, les architectes réduisirent à 75 mètres la longueur sous voûte, ce qui obligea d'élever le sommet de la voûte à 21 mètres au-dessus de la chaussée au lieu des 7 mètres initialement prévus.

Ironie du sort, ce fut Eugène Caillaux, devenu entre-temps ministre des Travaux publics, qui vint le 30 septembre 1877, inaugurer son tunnel revu et corrigé.

Les nombreuses alvéoles creusées le long du passage souterrain devaient être aménagées en agréables boutiques pour accueillir les élégantes venant en calèche acheter des frivolités. Il en fut tout autrement : ce ne furent que de modestes échoppes d'alimentation remplacées aujourd'hui par des parterres floraux.

En 1970, après un siècle d'existence, les parties métalliques du tunnel, attaquées par la rouille, durent être traitées. Un nouveau pont enjamba la rue Wilbur-Wright en remplacement de l'ancienne passerelle de la rue des Chapelains, tandis qu'Albert Opportune, carrossier, compagnon du devoir, surnommé l'Ami des arts, posa les nouveaux garde-fous, scellés au plomb comme à l'origine.

Mgr Charles Fillion, évêque du Mans de 1862 à 1874

1 et 3 rue des Chanoines

Mgr Charles Fillion, évêque du Mans depuis 1862, résidait à l'hôtel Tessé (actuel musée). Sa demeure, en partie occupée durant la guerre de 1870 par les Prussiens, fut le 1er février 1871, la proie d'un incendie causé par la troupe occupante, qui faisait un usage immodéré des cheminées.

Privé de logement et d'évêché, l'évêque se transporta provisoirement au séminaire Saint-Vincent, puis, aux premiers jours de juin, dans l'ancien hôtel du général Delarue, 3 rue des Chanoines. La communication avec la cathédrale n'était en cette année possible que par une passerelle au-dessus d'une tranchée pour réaliser le tunnel.

Les travaux du tunnel furent interrompus pendant la guerre et reprirent en août 1873. Le prélat, afin de trouver un peu de repos, partait le soir en voiture à cheval aux Hommelets, près du Villaret, pour y dormir calmement. C'est là que, malade, il s'endormit définitivement le 28 juillet 1874, âgé de 57 ans.

Portrait en médaillon de l'évêque Charles Fillion modelé en terre cuite par Ferville-Suan. Coll. Etienne Bouton, cliché Dominique Breugnot.

◆ 1868

La Dame au collier rouge

Maison dite à la Tourelle, 27 rue des Chanoines (angle de l'escalier des Pans-de-Gorron)

La ravissante maison canoniale à la Tourelle, du début du XVIe siècle, porta le nom de « Maison Saint-Paul », au temps où elle était occupée par des chanoines, c'est-à-dire jusqu'à sa vente en 1792, comme bien ecclésiastique.

Le romancier Ponson du Terrail la choisit pour être un des principaux lieux de son œuvre *La Dame au collier rouge* qu'il écrivit à la demande de M. Haentgens pour lancer en 1868 son journal *La Sarthe*. Le roman, paru en feuilleton sur 567 numéros, tint en haleine, durant presque deux années, les lecteurs du quotidien.

L'histoire du roman se déroule en 1796, suite à la prise du Mans par les Vendéens en 1793. Les épisodes totalement inventés conduisent les héros dans les dédales des souterrains imaginaires aboutissant opportunément à la prison, dans la cour de laquelle se dresse la guillotine.

La maison fut admirablement restaurée en 1896 par l'architecte Pierre Ricordeau, pour le propriétaire M. Florentin, officier de paix à Paris, qui en fit, avec le goût le plus sûr, un véritable musée, y recevant de nombreux artistes de la scène, de passage au Mans : Coquelin, Mounet-Sully, Réjane, Brasseur et Sarah Bernard. Ces souvenirs restèrent un temps gravés dans la mémoire des Manceaux. Cette jolie demeure continue d'être souvent le décor de films tournés au Mans.

Maison à la Tourelle à l'époque du roman de Ponson du Terrail. Dessin de Louis Moullin, 1854. Musées du Mans.

La maison canoniale Saint-Paul est une demeure dont la façade fut sculptée avec beaucoup de raffinement, dans la première moitié du XVIe siècle. Cliché Dominique Breugnot.

◆ Fin XIXe et début XXe siècles

Le musée Singher : un musée éphémère

7, 9 et 11 rue de la Reine-Bérengère

En octobre 1891, Adolphe Singher, directeur de la Mutuelle du Mans incendie, se porta acquéreur, tant pour l'amour de l'art que pour loger la société historique et archéologique du Maine, de deux maisons contiguës de la vieille ville : l'une médiévale dite « de la reine Blanche » ou « Bérengère », l'autre Renaissance.

Après avoir retrouvé au château de Sacy dans l'Orne huit statues de bois arrachées des façades en 1836, le nouveau propriétaire fit restaurer les maisons. Dès juin 1892, la maison du XVe siècle étant en partie logeable, la société vint s'installer à l'étage. M. Singher poursuivant sa tâche remonta dans la salle du bas un moulage obtenu du musée Cluny d'une cheminée dite « de la vie seigneuriale », jadis au Mans.

L'acquisition fortuite de maisons historiques donna alors l'idée au restaurateur de poursuivre son entreprise, en meublant d'objets authentiques toutes les pièces pour redonner à chacune l'aspect qu'elle avait, voilà quatre siècles. Peu à peu bahuts, crédences, coffres, lit, sièges et tapisseries prirent place au hasard des trouvailles. En 1898, M. Singher inventoria 782 meubles et objets et décida d'en faire un musée.

En 1899, la société, alors logée dans un bâtiment annexe, libéra son étage, redonnant au musée un circuit complet. Enthousiasmé par le résultat de son entreprise et par les encouragements qu'il reçut, M. Singher réunit certaines raretés précieuses : ivoires et émaux gothiques, sculptures de pierre et de bois du Moyen-Age, dinanderies. Aussi, il lui fut nécessaire d'acquérir, en 1903, la maison voisine, n°7, pour décongestionner les deux autres.

L'artiste Georges Dugenet aquarella de 1903 à 1905 près d'une trentaine de dessins de l'intérieur des salles, des cours et même des caves, tandis qu'Adolphe Singher classa dans des albums de nombreuses photographies.

Les salles étaient ouvertes à la visite, pourtant l'organisation muséographique laissait à désirer. Comme beaucoup de musées privés, il disparut avec le décès d'Adolphe Singher en 1910.

La municipalité racheta les trois maisons pour y installer un autre musée, celui de la Reine-Bérengère. En 1912, huit jours de ventes publiques à Paris et au Mans furent nécessaires pour disperser les 1 000 objets de la collection de M. Singher.

Le musée Singher abondamment meublé d'objets authentiques fut un musée privé exceptionnel. Aquarelle de Georges Dugenet, décembre 1905. Coll. Etienne Bouton, cliché Dominique Breugnot.

◆ 1852-1926

Lionel Royer, peintre

2 rue du Square-Jacques-Dubois

Portrait de Lionel Royer
en 1921, dessiné au fusain
par Jeanne Morancé-Loyau.
Musées du Mans.

La maison à l'angle des rues Jacques-Dubois et du Doyenné, reconstruite après le creusement du tunnel, fut un temps l'atelier manceau de l'artiste Lionel Royer. Né à Château-du-Loir, le 25 décembre 1852, le jeune Lionel, Noël, Royer, orphelin très jeune d'un père horloger, fut instruit au Mans par les frères des écoles chrétiennes de la rue de la Juiverie. Doué pour le dessin, sa mère le plaça chez le peintre manceau Jaffart. A 17 ans, Lionel Royer s'engagea dans l'armée des zouaves pontificaux pour participer à la guerre de 1870. Ses talents de dessinateur furent remarqués sur le champ de bataille par le général Charrette, qui, la paix revenue, le soutint pour le faire entrer à l'Ecole des beaux-arts de Paris. Il eut comme professeurs MM. Cabanel et Bouguereau : le premier lui apprit l'art du portrait, le second les techniques des grandes compositions.

Lionel Royer assura son gagne-pain en réalisant des portraits de commandes, sans négliger des scènes mythologiques ou historiques, restant son art d'agrément.

Il participa au concours du prix de Rome en 1881, ayant pour sujet « *la colère d'Achille* », mais, n'ayant obtenu que le second prix, il renonça à concourir l'année suivante.

Vers 1880, au Mans, le tunnel était achevé et les maisons environnantes reconstruites. Lionel Royer hérita d'une maison bordant la tranchée, dans laquelle il décida d'établir son atelier. Pour ce faire, il aménagea l'ensemble du premier étage en une vaste salle dans laquelle il ouvrit une verrière, afin de faire pénétrer l'éclairage nécessaire aux artistes. Il perça le sol d'une longue trappe pour évacuer ses grandes toiles par le vestibule d'entrée.

La réputation de Lionel Royer, comme très bon portraitiste, lui conserva au Mans, une fidèle clientèle : Mgr Fillion évêque du Mans, la comtesse de Saint-Guilhem, M. de Prinelé, le marquis et la marquise de Montesson et leur fils, la sœur Eulalie Bouteiller, Adolphe Singher ou encore Eugène Cailleaux, ingénieur concepteur du tunnel.

Le peintre posséda à Paris, rue Méchin, un atelier qui lui permit de brosser de très

***Daphnée changée en laurier*.** Peinture de Lionel Royer, 1880. Musées du Mans.

grandes toiles ; celle de son « *Germanicus retrouvant les restes de la légion de Varus* » mesure 4,50 mètres sur 6,85 mètres. Il conserva son atelier manceau jusque vers 1892.

Ses tableaux de fantaisie furent d'inspirations diverses, aussi bien historique que mythologique ou religieuse[59].

En 1900, il peignit en six grandes toiles pour la basilique de Domrémy *La Vie de Jeanne d'Arc* et renouvela cet exploit en 1920 pour la chapelle des religieuses de Ruillé-sur-Loir, où sa mère fut pensionnaire.

Mais sa vue se dégrada et ses dernières grandes compositions n'eurent plus la finesse d'autrefois. Il s'éteignit presque aveugle, à Neuilly-sur-Seine, le 31 juillet 1926.

59 / **Les +** *de l'histoire* p.232

◆ XIIe, XVe et XXe siècles

Eglise Saint-Benoît

Une simple chapelle dédiée à saint André, fondée en 998 hors des fortifications par le comte du Maine Hugues 1er fut agrandie au début du XIIe siècle par Hélie de La Flèche, puis érigée en paroisse sous le vocable de Saint-Benoît.

Cette nouvelle église subit les conséquences de deux incendies de la ville, l'un en 1189, allumé par ordre d'Henri II pour ralentir l'attaque de son fils Richard Cœur de Lion et de Philippe Auguste, l'autre en 1367 par le duc de Lancastre. Elle dut être reconstruite en 1471 par Charles IV d'Anjou, comte du Maine. Préservée de la destruction collective de 1792, elle fut conservée pour y célébrer les offices, de l'une des quatre paroisses subsistantes.

L'église Saint-Benoît ayant eu pour curé en 1895 Louis Dubois, futur cardinal de Paris, qui avait fait d'elle la paroisse la plus fréquentée de la ville, son agrandissement fut envisagé en 1898 par son curé l'abbé Pralon.

A l'architecte Pascal Vérité fut confié le projet d'une nouvelle église. Celui-ci prit le parti de conserver l'ancien chœur, le transept et trois chapelles. Pour rebâtir la nef et le clocher, il alla chercher des modèles dans le Finistère à Saint-Thégonnec et à Lampaul-Ploudalmézeau. Les démolitions de la nef eurent lieu en 1901. Des fouilles révélèrent, en sous-sol, des ruines gallo-romaines. Chaque matin, les ouvriers arrivaient au chantier avec l'ânesse Sophie, qui stoïquement attendait le retour du soir. La bête était si brave que Robert Gaulier, chargé des sculptures, l'immortalisa en gargouille à l'angle nord-ouest de la nef.

L'église et son environnement terminés en 1910 ne furent consacrés que le 21 mars 1922.

En septembre 1908, on a démonté les échafaudages du nouveau clocher de l'église Saint-Benoît. Coll. Etienne Bouton, cliché Dominique Breugnot.

Intérieur de l'église Saint-Benoît suite aux travaux d'agrandissement qui s'échelonnèrent de 1901 à 1910. Cliché Dominique Breugnot.

◆ 1819-1908

François Liger, collectionneur

Jardin du musée de la Reine-Bérengère

La statue moussue d'un homme âgé, semblant méditer sur le passé, placée au fond du jardinet du musée de la Reine-Bérengère, est celle du sarthois François Liger, architecte divisionnaire de Paris. En 1854, il fut le collaborateur du préfet Haussmann, avec mission de démolir les vieux quartiers de la capitale pour laisser place à la construction des grands boulevards. Liger fut en service à Paris jusqu'en 1885.

Au début du XXe siècle, Liger se fit sculpter en archéologue par C. Carie, passion qu'il découvrit à l'âge de la retraite. Ce n'est pourtant pas pour commémorer son action de terrassier-fouilleur, que la statue fut placée là, mais en mémoire des dons d'objets de collection que Liger légua pour les musées du Mans, en particulier de grandes tapisseries des XVe, XVIe et XVIIe siècles ainsi qu'un ensemble de 700 pièces de serrurerie datant de toutes les époques. Liger s'était spécialisé dans l'architecture en fer et publia de 1845 à 1907 trente articles et dix volumes sur le fer, sur ses collections et sur l'époque gallo-romaine de notre région.

Liger s'était constitué, dans son château de Courmenant à Rouez-en-Champagne, un musée de curiosités aux attributions flatteuses, notamment un cadenas à secret provenant de l'atelier de Louis XVI à Versailles, une porte de la salle de bain de Marat, tachée de son sang, une enclume du XIIIe siècle de l'abbaye de Saint-Denis, un coffret en fer repoussé ayant appartenu à Richelieu. La collection de François Liger, léguée à la ville du Mans en 1910, fut à l'origine du musée municipal de la Reine-Bérengère[60].

---

60 / **Les +** *de l'histoire* p.232

La statue moussue de François Liger dans le jardin du musée de la reine Bérengère. Cliché Dominique Breugnot.

◆ 1856-1927

Robert Triger, historien sarthois

1 rue Robert-Triger

Epris de la vieille ville, Robert Triger en retraça l'histoire ainsi que celles de quelques-unes de ses demeures et de ses monuments. Il habita les quinze dernières années de son existence à l'ombre de la cathédrale.

D'une famille originaire de Douillet-le-Joly, il naquit au Mans, place de l'Etoile, le 26 février 1856, puis passa l'essentiel de son enfance et son adolescence à Alençon, où son père était ingénieur des Postes et Télégraphes. C'est là qu'écolier, le jeune Robert observa avec crainte et curiosité l'avancée des Prussiens en 1870.

Licencié, puis docteur en droit à Caen, en 1879, Robert Triger fit ensuite son service militaire au 103e régiment d'infanterie à Alençon, à l'issue duquel il suivit les cours de l'école des Chartes, comme auditeur libre. Adulte, il vint en 1883 habiter au Mans aux Talvasières (propriété incluse dans la cité universitaire) où durant 29 ans il rédigea la majeure partie de ses recherches historiques.

Il relata non seulement les événements civils et religieux de la vieille cité mancelle, mais fut pour elle son premier guide, faisant découvrir aux sociétés françaises et belges l'aspect ancien des rues. Il en fut aussi, en quelque sorte, le premier conservateur, militant pour la sauvegarde des vieilles demeures au point d'acheter la maison d'Adam et Eve menacée d'être démontée pour être présentée dans un musée étranger. Il l'offrit à la ville pour qu'elle en assume la conservation et participa également à l'achat de la niche gothique de la rue Bouquet, menacée du même péril. Il milita en son temps pour le dégagement de la muraille romaine, entièrement masquée par l'alignement des constructions. Son souhait fut réalisé une cinquantaine d'années plus tard.

Robert Triger peint par Charles Morancé au début du XXe siècle. Société historique et archéologique du Maine.

Fouiller les archives du passé, les transcrire et donner des conférences, telle fut l'activité de sa vie, n'ayant nul besoin de gagner son pain, les revenus des biens familiaux lui étant suffisants.

Au décès de son père en 1908, habitant alors au 5 rue de l'Ancien-Evêché, Robert Triger envisagea de se rapprocher du centre de la ville en venant se loger près de la cité médiévale dans la demeure paternelle, implantée sur les anciens fossés. Mais pour placer son importante bibliothèque il dut faire construire une annexe dans son jardin. L'aménagement eut lieu en 1912. Deux ans après son installation, la Grande Guerre se déclara. A 58 ans, Robert Triger n'était pas mobilisable, mais, patriote dans l'âme, il se porta volontaire comme chef brancardier. Affecté à la gare du Mans, il accomplit cette tâche, sans relâche, jusqu'à l'armistice, rédigeant journellement un cahier d'observations. Ce service quotidien de quatre années épuisa sa santé. La paix revenue, il se remit à écrire tout en continuant d'assumer la présidence de la société historique et archéologique du Maine. Un mal sournois, s'attaquant à son foie, eut raison de sa robuste constitution le 15 janvier 1927.

◆ 1868-1953

Jules Hervé-Mathé, peintre

Hôtel de Vaux, 14 rue de Vaux

Dans l'imposant hôtel de Vaux vécut, durant la première moitié du XXe siècle, le peintre Jules, Alfred, Hervé-Mathé.

Né en 1868, en Mayenne à Saint-Calais-du-Désert, le jeune homme suivit à Paris les cours de Jean-Paul Laurens, mais surtout fut l'élève du peintre Albert Maignan. Ayant obtenu son certificat d'aptitude à l'enseignement du second degré, il fonda, à 23 ans, une école d'arts décoratifs à Epinal.

En 1899, il vint au Mans assurer les cours de dessin au lycée, puis assuma la direction de l'Ecole des beaux-arts du Mans, à laquelle

Autoportrait du peintre Jules Hervé-Mathé avec Berthe Mathé, sa première épouse, vers 1908. Musées du Mans.

Le Mans, hôtel de Vaux (demeure de l'artiste), peint par Hervé Mathé en 1943. Musées du Mans.

il donna la dénomination d'école Albert-Maignan et garda ce poste jusqu'en 1935.

Séduit par la cité antique, il installa son logement d'abord 7 rue des Chanoines, puis il acheta en 1906 l'hôtel de Vaux qu'il habita en permanence jusqu'en 1940 et de façon saisonnière jusqu'en 1953, année de son décès. Il fut enterré au grand cimetière du Mans.

Doué pour le paysage, il se plut à évoquer de nombreuses vues de villages sarthois avec une prédilection pour les pommiers en fleurs. Il peignit de nombreuses rues de la vieille ville, même sous la neige. Se sentant parfois l'âme d'un reporter, Hervé-Mathé fixa des événements manceaux comme des lâchés de dirigeables ou des scènes des 24 Heures du Mans.

Les vacances lui firent découvrir la Bretagne. Aussi une partie de sa production comprend-elle les petits ports de l'Atlantique avec leurs bateaux.

◆ 1877-1962

Marcel Bouteron et l'œuvre de Balzac

24 rue de la Verrerie (hôtel aujourd'hui disparu), jardin du Bicentenaire

Marcel Bouteron, né au Mans le 3 août 1877, 24 rue de la Verrerie dans un hôtel du XVIIIe siècle, chez sa grand-mère maternelle Loëffler, fut archiviste paléographe. Elu membre de l'Institut, grand spécialiste de l'œuvre de Balzac, Marcel Bouteron consacra une partie de sa vie à regrouper les écrits de l'auteur de *La Comédie humaine* pour les faire paraître en onze volumes aux éditions de la Pléiade.

Son grand-père, Ferdinand Loëffler, Alsacien venu s'installer horloger au Mans rue Royale, (rue des Minimes) vers 1835, transporta son négoce au début du second Empire, 104 Grande Rue, y établissant une fabrique d'horloges en bois, où sa fille Marie naquit en 1854. Elle se maria le 15 septembre 1873 avec Alfred Bouteron capitaine d'artillerie de Marine à Lorient. Le jeune Marcel grandit à Lorient, à Angoulême et au Mans où il fut élève du lycée de 1888 à 1891, habitant chez sa grand-mère rue Prémartine. Il entra ensuite à l'école des Chartes où il obtint son diplôme

Buste de Balzac par Alfred Renoleau d'après David d'Angers. Coll. part.

d'archiviste paléographe en 1905. Occupant un poste de bibliothécaire à l'Institut, il en devint directeur en 1913 et assuma en plus, en 1921, la conservation de la bibliothèque de Lovenjoul à Chantilly.

Elu membre de l'Académie des sciences morales et politiques en 1940, il fut président de la société de l'école des Chartes en 1942-1943 et vice-président de l'Association des bibliothécaires français. Il prit sa retraite en 1945, édita *La Comédie humaine* de Balzac en 1949 et 1950. Il décéda à Vence en 1962, âgé de 85 ans.

◆ 1890-1979

André Bouton, historien du Maine

Hôtel Aubert de Clairaulnay 108 Grande Rue

André Bouton, fils d'un tanneur de Fresnay-sur-Sarthe, naquit en cette petite ville le 30 novembre 1890. Orphelin de père à 12 ans, il fut hébergé en 1904 par son grand-père maternel au Ronceray (Pontlieue) afin de lui permettre de poursuivre ses études au lycée du Mans.

Contraint par son aïeul d'avoir un métier, il dut quitter le lycée à 16 ans et demi.

N'ayant pu faire d'études supérieures, André Bouton fut toute sa vie un chercheur et un lecteur infatigable dans toutes les disciplines.

En juin 1907, il débuta dans le notariat comme clerc et entra en juin 1913 en l'étude de Me Mazerat au Mans où il ne resta qu'un an, car mobilisé le 1er août 1914. Exposé sur le front de la Somme le 12 novembre et deux fois blessé, il fut définitivement libéré le 21 mars 1919.

Nommé notaire en 1920, il côtoya à Mamers Joseph Caillaux. En 1923, il épousa

André Bouton, historien du Maine, consacra quarante ans de sa vie d'adulte à faire revivre les souvenirs du passé manceau. Coll. Etienne Bouton, cliché Dominique Breugnot.

Etiennette Bardet, fille de notaire, avec qui il eut cinq enfants.

André Bouton, après avoir tracé la filiation de ses ancêtres du Saosnois, entreprit dès 1921 une étude sur cette région pour connaître la vie des paysans manceaux. Son travail s'étendit au Maine pour aboutir, 40 ans plus tard, à une remarquable publication *Le Maine histoire économique et sociale, des temps antiques au XIX*e *siècle*, totalisant 3 244 pages, divisées en cinq volumes, véritable dictionnaire de recherches locales par ses tables et ses multiples références. Concernant la cité mancelle, il publia un ouvrage d'anecdotes *Le Mans au temps des carrosses et des chandelles* et *A travers les souterrains inconnus du Vieux Mans*.

Par amour des vieilles pierres et de l'histoire, il acheta en 1943, l'ancien hôtel Aubert de Clairaulnay, qui fut un temps celui de M. Chesneau Desportes.

Il fut, durant la Seconde Guerre mondiale, président du comité de coordination des mouvements familiaux de la Sarthe et fut élu en 1957 président de la société Sciences et Arts de la Sarthe qu'il anima dix-sept années.

Pour son travail d'historien, il reçut la médaille de chevalier de la Légion d'honneur en 1963 et son œuvre fut couronnée par l'Académie française.

Il continua d'écrire jusqu'à sa mort le 1er avril 1979.

◆ 1907-2003

Jeanne Ménard, folkloriste

Hôtel de Courcival (fin XVIe siècle), 3 rue du Petit-Saint-Pierre

Jeanne Ménard, fille de Marcel Ménard, est née et habita rue du Petit-Saint-Pierre. Institutrice d'enseignement ménager, puis directrice durant onze ans de l'école Coindon, 100 Grande Rue, elle recensa les anciennes danses et chants populaires sarthois, ce qui l'amena à fonder en 1950 avec René Busson et Elisée Mautin le groupe « La Gouline sarthoise ».

Autour des fondateurs de ce groupe folklorique, de nombreux jeunes instituteurs emboîtèrent le pas, participant allégrement, durant une cinquantaine d'années, à des fêtes dans la Sarthe, en France et à l'étranger.

Jeanne Ménard coiffée d'un bonnet sarthois. Coll. part.

La Cité Plantagenêt inspire le cinéma

Quels meilleurs décors que les rues tortueuses de la Cité Plantagenêt, que ses escaliers escarpés, ses beaux hôtels particuliers, ses maisons médiévales, pour tourner des films historiques. Les cinéastes se sont emparés des lieux dès 1958. Ici, rien ne vient contrecarrer les prises de vues. Les carrosses peuvent comme autrefois cahoter sur les pavés, évoquant à merveille les chaussées du vieux Paris. Si d'aventure un élément n'est pas conforme aux désirs souhaités, il est vite dissimulé par un camouflage ou retiré par les services municipaux.

Ainsi sont venus au Mans, depuis plus de trente années, de nombreux acteurs, comme Philippe Noiret, Jean Rochefort, Jacques Weber, Vincent Perez, Daniel Auteuil, Pierre Arditi, Fabrice Luchini, Gérard Depardieu, Jean Carmet ou encore Sylvie Testud, pour y interpréter notamment des personnages de romans de Balzac, Alexandre Dumas ou Edmond Rostand. Chaque réalisateur peut choisir sur les deux hectares et demi de la cité, ses ruelles, ses angles de vue, ses pers-

Scène de tournage pour la série *Nicolas Le Floch* dans les rues du Mans. Photo © Bernard Barbereau – conception graphique André Palais et Emma Boutboul. Série *Nicolas Le Floch* © Cie des Phares & Balises / France Télévisions d'après l'œuvre de J.F Parot (éd. JC Lattès) – disponible en dvd et vod.

pectives de jour ou de nuit. Les films et téléfilms tournés au Mans ont chaque fois réussi à créer une atmosphère particulière dans un décor unique : *Que la fête commence* de Bertrand Tavernier, *Rouget le Braconnier* de Gilles Cousin, *Cyrano de Bergerac* de Jean Paul Rappeneau, *Le Bossu* de Philippe de Broca, *Les Blessures assassines* de Jean-Pierre Denis, *Les Dames galantes*, *Jean de la Fontaine*, *Molière*, *Eugénie Grandet*, *D'Artagnan et les trois mousquetaires*, *Le Masque de fer* ou encore les épisodes de *Nicolas Le Floch*.

Les habitants se plient volontiers aux contraintes qu'impose un tournage, les Manceaux étant souvent sollicités pour faire de la figuration.

Le Mans, grâce à son patrimoine architectural exceptionnel, est une ville privilégiée pour le cinéma qui y trouve les décors naturels et authentiques dont il a besoin.

Le cadre architectural de la Cité Plantagenêt admirablement conservée avec ses maisons à pans de bois, ses chaussées pavées, en retrait de l'agitation de la ville, est le décor idéal pour tourner des films historiques. Figurants lors du tournage d'un des épisodes de la série *Nicolas Le Floch*. © Ville du Mans, Gilles Moussé.

Affiche de la série *Nicolas Le Floch*. Photos © Bernard Barbereau – conception graphique André Palais et Emma Boutboul. Série *Nicolas Le Floch* © Cie des Phares & Balises / France Télévisions d'après l'œuvre de J.F Parot (éd. JC Lattès) – disponible en dvd et vod.

Les + *de l'Histoire*

Le mehnir adossé à la cathédrale

1 / Sur un denier d'argent de l'évêque Beraire du VIIe siècle, le menhir figure surmonté d'une croix ayant à ses cotés saint Gervais et saint Protais, premier patrons de la cathédrale.

La colonisation de Vindinum

2 / A l'époque gallo-romaine, les deux aqueducs alimentant en eau la ville du Mans furent à l'est celui d'Isaac, à l'ouest celui des Fontenelles.

3 / L'espace choisi pour édifier l'enceinte romaine, fut l'aboutissement du plateau de Sargé, autrefois occupé par la peuplade préhistorique.

4 / Les murs et les tours furent revêtus de dessins géométriques composés de petites pierres cubiques de calcaire blanc et de grès ferrugineux dénommé roussard, au décor disposé sur cinq rangs totalisant 65 cm, limité par trois rangs de briques.

La Grande Poterne. Cliché Dominique Breugnot.

Statère d'or des Aulerques cénomans. Carré Plantagenêt, musée d'archéologie et d'histoire du Mans.

Pratiques de construction de la muraille romaine

5 / Les trous de boulins placés les uns au-dessus des autres à 1,50 mètre d'intervalle, sont le plus souvent creusés dans les trois rangées de briques et à une distance l'un de l'autre de 1,25 mètre.

Fondateurs de la dynastie des Plantagenêts

6 / Hélie de La Flèche, désirant accueillir tous les seigneurs du Maine aux noces d'Eremburge, fit construire une grant'salle de 723 m^2 touchant son palais.

7 / En présence de nombreux barons et de l'évêque Hildebert de Lavardin, Foulque et son jeune fils Geoffroy, âgé de 7 ans, s'avancèrent vers l'autel.

8 / Mathilde, fille de Henri Ier roi d'Angleterre, avait 25 ans et était déjà veuve de l'empereur du Saint-Empire germanique.

Les métamorphoses du palais des Comtes du Maine

9 / Hélie de La Flèche, descendant du comte Herbert Eveilchien, devint maître du comté en 1092. Prisonnier de Guillaume le Roux en 1099, il dut lui céder le Maine, comme rançon de sa liberté. Il ne redevint comte qu'au décès de Guillaume en 1100.

10 / Percée de sept grandes baies, la grant'salle communiquait avec une tour de l'enceinte et avec la salle de Bretagne et la salle aux Singes. Le palais était peu logeable, mais il bénéficiait de nombreuses dépendances pour les services : cuisine, four banal, pressoir banal, cellier, grange, écuries, logements de serviteurs, chapelle seigneuriale, salle de frappe de monnaies et prisons.

Tour du Vivier. Cliché Dominique Breugnot.

11 / Bérengère vécut au Mans les vingt-cinq dernières années de sa vie jusqu'au 23 décembre 1230. Elle fut ensevelie à l'abbaye de l'Epau.

12 / Le bâtiment des gens du roi débordait sur les fossés ; ses murs renforcés de contreforts, pour soutenir un hourd, avaient peu de fenêtres.

Le sous-sol de la Cité Plantagenêt

13 / Les sous-sols des maisons des particuliers, destinés à contenir le bois nécessaire à la cuisine et au chauffage, étaient, pour les maisons les plus étroites, creusés sur deux niveaux, le plus profond étant voûté.

14 / Les caves des celliers du XIe siècle étaient composés d'un mur de refend de deux ou trois arcades destinées à soutenir les solives de l'étage supérieur souvent très chargé.

Geoffroy Plantagenêt et le portail dit « de la pierre au Laict »

15 / La statue d'un roi le plus près de saint Pierre est celle de Salomon, son nom étant peint sur son phylactère.

L'ancien palais épiscopal

16 / En 1509, maître Simon réalisa pour la chapelle les plans d'un bel édifice rectangulaire de 180 m^2, dont un chœur octogonal de 30 pieds carrés fut surmonté à l'italienne d'un dôme à lanternon. Cette élégante construction, « *la première de ce genre réalisée en France, fit l'admiration des connaisseurs et servit de modèle à tous les artistes qui faisaient état de bâtir* ».

17 / La façade du secrétariat a perdu, depuis la Révolution, certaines de ses décorations : sur le linteau de ses onze fenêtres avaient été gravées et peintes les dates et les armoiries des onze évêques qui précédèrent Mgr De Froulay, les siennes étant placées au-dessus de la porte d'entrée.

Bérengère de Navarre

18 / Durant sa captivité, le roi Richard Cœur de Lion, inactif, se sentant l'âme d'un poète, écrivit des poésies qui furent conservées.

19 / En attendant la levée de l'interdit mis sur la ville du Mans et sa quinte, les habitants, ne voulant pas enterrer leurs proches sans bénédiction, hissèrent les cercueils dans les branches des arbres.

Entrées solennelles des évêques du Mans

20 / Lors de l'entrée du nouvel évêque François de Luxembourg le 2 mai 1507, le cortège partit de la collégiale Saint-Pierre-de-la-Cour.

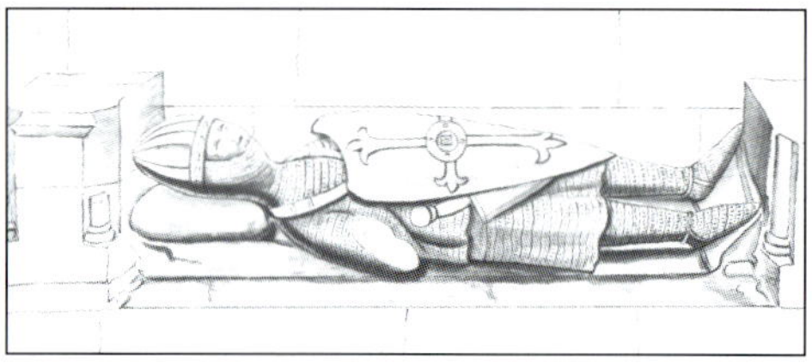

Calque du tombeau de Hélie de La Flèche réalisé par Roger de Gaignières (1642-1715). Médiathèque Louis-Aragon du Mans.

Crise de folie de Charles VI au Mans

21 / Les événements qui ont conduit aux premières manifestations de folie de Charles VI ont été relatés par Froissart, dont voici un condensé du récit. C'est en sortant tard dans la nuit du 2 juin 1392, de l'hôtel Saint-Paul, surnommé « *l'hôtel des joyeux esbâtements* », que le connétable de Clisson, escorté de porteurs de torches, fut attaqué au carrefour Sainte-Catherine par Jean de Craon suivi de coupe-jarrets, à sa solde. Ils se jetèrent sur le connétable et sur ses serviteurs :

« *A mort ! à mort ! Clisson, si vous faut mourir.*
- *Qui es-tu ? Qui dit ces paroles ?*

Porte Samson. Dessin de Sinan. Coll. Etienne Bouton, cliché Dominique Breugnot.

- *Je suis Pierre de Craon, votre ennemi, vous m'avez tant de fois courroucé, que si vous le faut amender, j'ai celui que je demande et que je veux avoir.* »

Clisson ne put se défendre n'ayant qu'une petite épée de cour. Atteint de plusieurs blessures, désarçonné, tombé à terre, il heurta la porte d'un boulanger et perdit connaissance. La nouvelle parvint aux oreilles du roi au moment de se mettre au lit, qui en hâte se rendit sur place, impatient de juger de l'état de Clisson.

« *Connétable comment vous sentez-vous ?*
- *Cher Sire petitement et faiblement.*
- *Qui vous a mis en ce parti ?*
- *Sire, Pierre de Craon et ses complices.*
- *Oncques choses ne fut si cher payé, comme elle sera, ni si fort amendée.* »

22 / En avril 1407, le chapitre investit l'argent donné par le roi en achetant des terres pour en récolter les revenus : la métairie de Villepeau à Connerré, les bois de Chaunoye ainsi que la terre de la Bosse et la métairie de la Vallée.

Les boulets de bombarde

23 / La pierre des boulets, taillée sans régularité parfaite, pouvait avoir été revêtue d'un enduit de plomb afin de mieux épouser le calibre intérieur des bombardes.

Arnoul et Simon Gréban, dramaturges

24 / Le texte conservé concerne la seconde journée, comprenant : *Mystère de la conception – Nativité de la Vierge – Mariage et Annonciation de la benoiste Vierge Marie avec la nativité de Jésus Christ et son enfance.* Le texte est annoté de jeux de scène à observer lors des représentations.

25 / Simon Gréban rédigea : *Le Mystère des apôtres - Elégies et complaintes sur la mort de Jacques Milet* (1456) - *Déploration funeste de Charles VII* (1461) - *Déplorations funèbres de la reine Marie d'Anjou* (1463).

26 / Furent représentés au Mans : *Mystère de Mgr saint Jehan l'évangéliste* en 1476 ; *Mystère de la bourgeoisie de Rome* en 1494, sur trois jours ; *Mystère de saint Eustache* en 1495, sur quatre jours et *Le Miracle de Théophile* en 1535.

Tête de Turc d'une enseigne d'un commerce, rue Dorée. Lavis d'Etienne Bouton, cliché Dominique Breugnot.

Passages de Louis XI au Mans

27 / Dans la grande salle de la maison du 10 rue Saint-Pavin-de-la-Cité, eurent lieu, durant la première moitié du XIXe siècle, les cérémonies mancelles de la « petite église » qui cessèrent en 1843, au décès de son dernier représentant Charles Jacques Lequin de la Neufville. La toiture de l'escalier était en pointe semblable à la flèche d'un clocher.

Statue de Maria-Magdalena de Noël Mérillon

28 / Le 11 avril 1732, François Legras du Luart, intendant du Roussillon, arrière-petit-fils de Diane Garnier, elle-même fille de Robert Garnier, vendit ce logis à Denis Lebourdais, notaire royal qui fit sculpter au-dessus de la porte le panonceau de son étude.

Les maisons canoniales de la cathédrale

29 / Il s'agissait d'un droit de chape de 12 livres, d'une participation de 25 livres aux frais du repas des innocents et, depuis 1662, le nouveau chanoine était tenu de verser 40 écus d'or pour réparation des dégâts commis par les huguenots dans la cathédrale. Ils devaient en outre apporter 200 livres.

30 / Voici la liste des principales maisons canoniales et leur emplacement :
Place de l'Evêché (du Cardinal-Grente) : les deux maisons des Morets, celle de la Haute-Poterne, celles du Grabatoire et du Pavillon du Grabatoire.
Rue des Chanoines, côté de la belle vue : les maisons Saint-Paul, Saint-Pierre, première et seconde maisons Saint-Christophe, Saint-Aldric, Saint-Sébastien, Saint-Protais, Saint-Gervais, Saint-Martin, Notre-Dame,

Saint-René, le Haut-Vollier et la Macre.
Rue des Chanoines, côté opposé : maison Saint-Jacques et maison Sainte-Agathe.
Place Saint-Michel : maison devant les Ardents, maison Peinte, maison du Livroir, maison Saint-Bertrand.
Rue du Doyenné : maison de la Rommerie, de Saint-Catherine et de la Voûte.
Rue des Chapelains : les maisons du Bas-Vollier, les Diacres, la Madeleine, première et seconde maisons Saint-Gatien et la Basse Poterne.

Le doyenné de la cathédrale

31 / Ils devaient également surveiller la célébration des messes anniversaires, fondées à perpétuité, assurées par le règlement d'une rente affectée sur un bien.

32 / Ils inspectaient l'état des autels, du tabernacle, des fonts baptismaux, contrôlaient scrupuleusement le calice, le ciboire et les flacons des saintes huiles.

Le Grabatoire

33 / Les gouverneurs qui habitèrent épisodiquement le Grabatoire, furent : Henri de Joyeuse 1584, Sipion de Joyeuse 1586, Philippe d'Angennes 1587, Louis d'Angennes 1590, Jean de Beaumanoir marquis de Lavardin, maréchal, 1595, son fils Henri de Beaumanoir 1614, le comte de Tresmes 1625, le marquis de Sourches 1671.

On embellit la cathédrale du Mans

34 / Cette œuvre en terre cuite était en fait une sculpture préparatoire avant de réaliser la sculpture en marbre destinée à la chapelle des Valois à Saint-Denis.

Jean de l'Epine et Marin Cureau de la Chambre, médecins

35 / François Marin Cureau de la Chambre écrivit notamment : *Nouvelles pensées sur les causes de la lumière, du débordement du Nil, de l'amour d'inclination* (1634), *Les Caractères des passions* (1640), *Traité des*

L'ancien pont Ysoard. Coll. Etienne Bouton, cliché Dominique Breugnot.

connaissances des animaux (1648). Un de ses fils fut le médecin du chancelier Séguier, de la reine Marie-Thérèse et des enfants de France. Un autre fils, curé de l'église Saint-Barthélemy à Paris, fut reçu à l'Académie française.

Pierre de Ronsard, poète et chanoine du Mans de 1560 à 1566

36 / Ronsard, s'exprimant toujours en vers, a brossé l'attitude qu'il avait en tant que chanoine de la cathédrale Saint-Julien quand il assistait aux cérémonies :

« *Mais quand je suis aux lieux où il faut faire voire*
D'un cœur dévotieux l'office et le devoir,
Lors je suis de l'église une colonne ferme,
D'un surplis ondé les épaules je m'arme,
D'une aumusse le bras, d'une chape le dos,
Je ne perds un moment des prières divines
Dès la pointe du jour je m'en vais à matines,
J'ai mon bréviaire au poing, je chante quelquefois
Mais c'est bien rarement car j'ai mauvaise voix,
Je suis à prime à sixte, à tierce et à nonne,
Jouy dire la grand'messe avecques l'encent
Qui par l'église épars comme parfum se sent »

Robert Garnier, dramaturge

37 / Les sept tragédies de Robert Garnier sont : *Cornélie, Marc-Antoine, Hippolyte, La Troade, Antigone, Les Juives et Bradamande.*

38 / Parmi les legs faits aux cordeliers, Robert Garnier institua une rente annuelle de deux écus sol, « *pour s'esjouiyr et aider à faire la dépence le jour de mardi gras, à la charge d'un mémento le mercredi des cendres* ».

Les activités de la place Saint-Pierre

39 / En 1776, le chapitre de la collégiale Saint-Pierre construisit, à l'emplacement de son auberge du Fer à Cheval, un double immeuble de rapport désigné « Maison neuve Saint-Michel ». Au centre de sa façade, un blason royal fut sculpté en accord avec la statue de Louis XIV placée au devant.

Vestige de la porte du Pont-Perrin, 1830. Dessin de Saint-Elme-Champ. Médiathèque Louis-Aragon du Mans.

Le Papegault : un exercice de tir populaire

40 / Pour défiler à l'occasion de cérémonies, les chevaliers du papegault avaient un uniforme composé en 1668 « *d'un haut de chausse large et plissé, retenu par une ceinture de buffle avec boucle, d'une petite veste à manches courtes, bouffantes sur l'avant des bras, d'une chemise à manches serrant le poignet et d'un chapeau de forme ronde basse à bords plats* ». En 1728, le costume changea : les officiers ont « *un habit de drap écarlate, un surtout bordé d'un galon* *d'or* » et les chevaliers un habit simple, « *leur chapeau est bordé d'un galon avec cocarde blanche* ». Le drapeau de la compagnie est blanc avec un perroquet figuré au milieu.

Charles Hoyau, sculpteur modeleur

41 / Les statues de terre cuite de Charles Hoyau conservées à la cathédrale sont les *Saint-Etienne*, *Saint-Gervais* et *Saint-Protais*, les *Sainte-Cécile* à l'orgue et *Sainte-Marguerite*, commandées par le chanoine Bernardin Lerouge, une *Vierge à l'enfant* et une *Vierge de douleurs*, réalisées pour le jubé du XVIIe siècle.

Paul Scarron, poète satirique

42 / Les œuvres principales de Scarron furent rédigées à Paris durant quinze années de 1644 à 1659 :
1644 : *Typhon ou la Gigantomachie*, dédiée à Mazarin
1654 : *Jodelet ou le Maître valet*, comédie
1647 : *Les Boutades du capitan Matadore*
1648 : *Virgile travesti*, en vers burlesques
1650 : *L'Héritier ridicule*, comédie
1651 : *La Mazarinade*, pamphlet et première partie du *Roman comique*
1653 : *Dom Japhet d'Arménie*, comédie
1655 : Début de *La Gazette burlesque*, *L'écolier de Salamanque*, comédie, *Nouvelles tragi-comiques* et *Le gardien de soi-même*
1656 : *Le Marquis ridicule*, comédie, *Léandre et Hérodote*, seconde partie du *Roman comique* (la troisième partie ne sera pas écrite par Scarron)
1659 : *Epîtres chagrines*, *La Fausse Apparence*, *Le Prince corsaire*, comédie

Leprince et Le Romain : deux ciriers manceaux renommés

43 / Un voyageur, Pierre de la Planche, de

Portail de la cathédrale par Léger, 1843. Coll. Etienne Bouton, cliché Dominique Breugnot.

passage au Mans vers 1688, observa que « *dans la ville les ouvriers en cire blanche excellent sur les ciriers de l'Europe, tant par la blancheur que par la délicatesse de leurs ouvrages* ».

Les frères Fréart, au service des arts

44 / Paul Fréart de Chantelou possédait les tableaux suivants de Poussin :
1639 : *Le Miracle de la mane au désert*
1644 : *Le Ravissement de saint Paul*
Nov. 1644 : *L'Extrême-Onction*
Fév. 1646 : *La Confirmation*
Janv. 1647 : *Le Baptême*
Juin 1647 : *La Pénitence*
Août 1647 : *L'Ordre*

Nov. 1647 : *La Cène*
Mars 1648 : *Le Mariage*
1650 : *L'Autoportrait de Nicolas Poussin*
1655 : *Une vierge en pied grandeur nature*
1657 : *La Conversion de saint Paul*
1662 : *La Samaritaine, Hercule emportant Déjanire*

45 / Le Bernin sculpta à Paris un buste de Louis XIV et à Rome Louis XIV à cheval.

Torches et ambigus

46 / Les sujets retenus pour composer les torches étaient : Jésus et la Samaritaine, Judith et Holopherne, Abraham et Isaac, David et Goliath ou encore Samson et Dalila, etc.

47 / En 1673, Julien Chevalier exécuta pour Marin Huault un bâtiment de torche « *de noyer en cintre à quatre pentes avec corniche, modelon, couronne et roses* ».

Louis, Elisabeth de la Vergne de Tressan

48 / Très prolixe, Louis de Tressan laissa des traductions de *L'Amadis des Gaules* et du *Roland furieux* d'Arioste, des éloges de *P. Maupertuis* et de *B. de Fontenelle* ainsi qu'un *Essai de fluide électrique*.

La tour vineuse prend feu

49 / Les 32 victimes étaient de quatre nationalités différentes : 5 Anglais, 20 Espagnols, 1 Portugais et 6 Hollandais.

Cathédrale Saint-Julien du Mans par A. Beaujoint, 1854.
Coll. Etienne Bouton, cliché Dominique Breugnot.

Anne-Victoire Pillon, une religieuse artiste

50 / Les peintures de la sœur Pillon décorant le réfectoire étaient : *Moïse sauvé des eaux, Moïse foulant aux pieds la couronne du Pharaon, Moïse sur la montagne, Le Passage de la mer Rouge, Le Miracle des cailles, Moïse frappant le rocher, Moïse présentant les tables de la loi, L'Adoration du veau d'or* et *Le Serpent d'airain*.
Et celles de la salle de l'assemblée : *L'Histoire d'Adam et Eve* (en quatre tableaux), *Judith et Holopherne* (en deux figurations) et *Les Quatre Saisons* (en deux tableaux).
Elle peignit également dans la chapelle *Le Symbole du pain eucharistique* et *Le Cœur de Jésus* ainsi que sur les portes des cellules.

Retable dit de Vivoin : *Vierge à l'Enfant avec Saint-Benoit*, seconde moitié du XVe siècle. Musées du Mans.

L'imagerie populaire sur bois au Mans

51 / La production des trois principaux imagiers sur bois manceaux fut importante. Pourtant, il ne reste que très peu de ces images imprimées à plusieurs milliers d'exemplaires, car elles étaient souvent collées, clouées ou découpées, et le bois servant à les imprimer fut brûlé dans les cheminées. Lors de l'inventaire du stock d'images laissé au décès de Jacques Gaugain, furent dénombrées 1 050 feuilles de petites images « illuminées » à découper, 450 feuilles de papiers à fleurs de Leloup, dont voici quelques titres d'images : *Les Trois Consuls, La Mort du général Desais, La Liberté des cultes, L'Empereur Napoléon, L'Impératrice « Françoise », Jésus-Christ à souffert pour tous les hommes, La Résurrection*, des images avec cantiques : *La Nativité de l'Enfant Jésus, Geneviève de Braban, Le Juif errant, L'Enfant prodigue* et des images à quatre feuilles : *Voici les véritables cris de Paris représentés ci-dessous tels con les voit dans la ville et faubourgs de Paris, Le Jardin spirituel des apôtres, La Folie des hommes ou Le Monde à rebours, Crucifix.*

L'escalier des Boucheries. Dessin de Louis Moullin, 1854. Musées du Mans.

Jacques Héron, serrurier

52 / Des propriétaires firent même placer sur la façade en bois de leur maison des appuis de balconnets en pierre moulurée et tracer dans les enduits des imitations de coupe de pierre ainsi que près du toit des corniches.

Mme Richard de Fondville tient salon

53 / Les évêques ayant habité l'évêché rue Dorée furent : Mgr de Pidoll (1802), Mgr de la Myre Maury (1820), Mgr Caron (1829) et Mgr Bouvier (1833-1848).

Le présidial renaît

54 / Depuis 1611, la ville avait déjà une salle dans le bâtiment des gens du roi. De l'ancienne construction, deux principaux murs de l'antique grant'salle furent conservés, celui de l'est donnant sur les fossés et celui du nord, ancien pignon du XIIe siècle vers les prisons, se raccordant en angle droit. Les murs à reconstruire, dans lesquels 42 fenêtres furent réparties, formèrent une équerre qui fut placée au-devant des précédents murs, laissant entre eux un espace de 32 pieds (10 m 56). Deux étages, plus des combles dans le toit brisé furent élevés au-dessus du rez-de-chaussée, hall ouvert à tous vents. Trois constructions annexes furent appliquées au vieux mur est, celle de l'escalier à main courante en fer (1765) et deux autres de modeste facture.

Mathieu Guy Chesneau Desportes : une vie bien remplie

55 / Son frère, M. Chesneau de l'Auberdière, administra en Bourgogne à Mombart les biens de M. de Buffon, parrain de sa fille Marie Sophie.

56 / Cet ouvrage d'art, inauguré le 9 juin 1811, fut pour M. Chesneau un sujet de fierté. Il reprend ses pinceaux pour laisser un tableau de ce pont qu'il désigna de pont Royal en léguant cette œuvre à la Société des Arts avec quatre vues du Mans et au muséum de

Gargouilles et personnages des balustrades du XIIIe siècle de la cathédrale. Photo : Ville du Mans.

la ville, deux grandes toiles ovales ainsi que la série des portraits des douze Césars achetés le 10 janvier 1793 à Vernie lors de la vente des biens de M. de Tessé émigré.

Le sort des églises de la ville du Mans

57 / Les églises paroissiales vendues et démolies furent : Le Petit-Saint-Pierre ou l'Enterré, Saint-Pavin-de-la-Cité, Saint-Hilaire- Gourdaine, La Madeleine, Saint-Germain, Saint-Gilles-des-Guerrets, Saint-Jean-de-la-Chevrie, Saint-Vincent, Saint-Nicolas, l'église paroissiale de la Couture et celle du Pré.

58 / Les rues du Mans changent de noms

Complément des changements de noms

Dénominations anciennes des rues	Dénominations révolutionnaires
• De Vaux et de la Verrerie	• Simonneau
• Saint-Pavin-de-la-Cité	• Jouye-Desroches
• Saint-Charles	• Voltaire
• Saint-Jacques	• Beaurepaire
• Bourgeoise	• Thionville
• De Tessé	• de L'Egalité
• Ruelle Saint-Benoît	• de la Fraternité
• Rue Saint-Benoît	• de la Révolution
• Saint-Vincent	• de la Montagne
• Du Doyenné	• de la Réforme
• Grande Rue du Greffier	• de l'Union
• Dorée	• de l'Unité
• Danse-Renard	• de la Carmagnole
• Saint-Gilles	• Ça-Va
• Place Saint-Nicolas	• Dampierre

Lionel Royer, peintre

59 / Voici les thématiques de ces tableaux :
Sujets historiques : *Germanicus, Reddition de Vercingétorix, Sainte-Geneviève, Roland à Roncevaux, Louis XI à la cathédrale du Mans, Tilsitt Eylau, La Bataille du Mans en 1870, La Communion des zouaves, Charrette à Patay* et *Le Lendemain de Champigny.*
Sujets Mythologiques : *Daphné changée en laurier, Vénus protégeant le corps d'Hector, Amour et Psyché, Le Triomphe de Vénus, Diane surprise, Le Jugement de Paris.*
Sujets religieux : *Mater dolorosa, La Vierge de paix, La Vierge aux oiseaux, Le Christ en croix, Le Christ au tombeau, Saint-Julien, Saint-Benoît, Sainte-Scholastique, La Vie de Jeanne d'Arc,* projet aquarellé pour le concours de vitraux de la cathédrale d'Orléans.

François Liger, collectionneur

60 / Les tapisseries léguées à la ville pour le musée furent : *Saint-Grégoire* et *Saint-Jérôme* (XVe siècle), *David recevant les présents du roi Tôou* (XVIe siècle) et trois grandes tapisseries du XVIIe siècle, *La Mort de Cléopâtre, Le Triomphe d'Aphrodite* ainsi que *Vénus et Adonis.*

Démontage des échafaudages du clocher de l'église Saint-Benoît en 1908. Coll. Etienne Bouton, cliché Dominique Breugnot.

Bibliographie

- « Auberge du duc de Bourgogne », affiches du Maine, Monnoyer, 1792.
- « Le Général en chef Bernadotte », affiches du Mans, 1800.
- « Le Maire sculpteur », affiches du Maine, 1792, an 8 et an 9.
- « Nouveaux noms des rues du Mans », affiches du Mans, 1793.
- « Vente de chapeaux appartenant à la république », affiches du Mans, 1793.
- BELLEE. « L'ancien chapitre de la cathédrale du Mans », *Bulletin de la Société d'agriculture, sciences et arts de la Sarthe* 1874, XIX-XX.
- BERNAGE S. *Etude sur Robert Garnier*, Delalain, Paris, 1881.
- BOISSEAU, Jean-Pierre. « M. Dubois de Montulé », *Bulletin de la Société d'agriculture sciences et arts de la Sarthe*, 1836, 37.
- BOUTON André. *A travers les souterrains inconnus du Vieux Mans*, 1936.
- BOUTON André. « L'hôtel Aubert de Clairaulnay », *Revue historique et archéologique du Maine*, 1946.
- BOUTON André. « Le pont Ysoard », *Art et tourisme dans le Maine*, n° 1, 1950.
- BOUTON André. « Le tunnel », *Art et tourisme dans le Maine*, n° 7, 1951.
- BOUTON André. *La Vie pittoresque du Mans au temps des carrosses et des chandelles*, Le Mans, 1963.
- BOUTON André. *Le Maine, histoire économique et sociale*, Monnoyer, Le Mans : T. I : *Les temps antiques*, 1975 - T. II : *Le Moyen âge*, 1976 - T. III : *XIVe, XVe, XVIe siècles*, 1970- T. IV : XVIIe et *XVIIIe siècles*, 1973 - T. V : *Révolution et XIXe siècle*, 1974
- BOUTON, Etienne. « Découvertes par l'auteur du modèle en terre cuite du *Christ ressuscitant* de Germain Pilon dans la cathédrale du Mans », *Bulletin de la Société d'agriculture, sciences et arts de la Sarthe*, 1981.
- BOUTON, Etienne. « Le polissoir », *Bulletin de la Société d'agriculture, sciences et arts de la Sarthe*, 1994.
- BOUTON, Etienne. « La pierre du diable », *Maine-Découvertes*, n° 19, 1998.
- BOUTON, Etienne. « Les inventions de Jean Boinard peintre manceau », *Maine-Découvertes*, n° 25, 2000.
- BOUTON, Etienne. « Horloge Saint-Julien astronomique et à automates », *Maine-Découvertes*, n° 34.
- BOUTON, Etienne. « Le plus ancien plan de la cité mancelle », *Maine-Découvertes*, n° 39.
- BOUTON, Etienne. « Les enseignes anciennes du Maine », *Maine-Découvertes*, n° 40, 41, 42, 45, 48.
- BOUTON, Etienne. « Le premier musée de la reine Bérengère », *Maine-Découvertes*, n° 51.
- BOUTON, Etienne. « De l'église Saint-Ouen à l'Oratoire », *Maine-Découvertes*, n° 55.
- BOUTON, Etienne. « Entrée solennelle du roi Louis XIII au Mans », *Maine-Découvertes*, n° 56.
- BOUTON, Etienne. « Découvertes d'un portrait inédit de Geoffroy Plantagenêt », *Maine-Découvertes*, n° 63.
- BOUTON, Etienne. « La Saga des Plantagenets », *Maine-Découvertes*, n° 69.
- BOUTON, Etienne. « Pierre de Ronsard le poète chanoine de la cathédrale du Mans », *Maine-Découvertes*, n° 77.
- BOUTON, Etienne. *L'Epau : l'abbaye d'une reine*, éd. de la Reinette, Le Mans, 1999.
- BOUTON, Philippe. « La maison de Simon Hayneufve », *Bulletin de la Société d'agriculture, sciences et arts de la Sarthe*, 1998.

• BUVRON, J.M., LENOBLE, Ph., CHANTELOUP, Luc. *Les Anges musiciens de la cathédrale du Mans*, éd. de la Reinette, Le Mans, 2009.

• CAUVIN, Thomas. *Registres de l'hôtel de ville du Mans*, annuaire de la Sarthe, 1835.

• CHARDON, Henri. « Les frères Fréart de Chantelou », *Bulletin de la Société d'agriculture sciences et arts de la Sarthe*, 1871.

• CHARDON, Henri. *Les Vendéens dans la Sarthe*, Monnoyer, Le Mans, 1872.

• CHARDON, Henri. *Scarron inconnu*, Fleury et Dangin, Mamers, 1904.

• CHATENET, Monique. « Les maisons de papier de Jacques Androuet du Cerceau », *Dossier de l'art*, n° 171, 2010.

• Collectif. *Terre et Ciel - La sculpture en terre cuite du Maine*, éd. du Patrimoine, 2003.

• CORDONNIER-DETRIE, Paul. « Jacques Gaugain maître cartier dominotier », *Bulletin de la Société d'agriculture sciences et arts de la Sarthe*, 1927.

• CORDONNIER-DETRIE, Paul. « Indiennes de Desportes de la Fosse », notes manuscrites, archives du musée.

• DELAUNAY, Paul. « Robert Garnier le magistrat », *Bulletin de la Société d'agriculture sciences et arts de la Sarthe*, 1933.

• DELAUNAY, Paul. « Louis Maulny naturaliste », *Bulletin de la Société d'agriculture sciences et arts de la Sarthe*, 1945.

• DORNIC, François. *Louis Berryer, agent de Mazarin et de Colbert*, éd. Faculté des lettres et sciences humaines de l'université de Caen, 1968.

• DUNOYER DE SEGONZAC, Jacques. *Les Comptes de l'hôtel de ville du Mans 1474, 1779*, annuaire du Mans, Monnoyer, s.d.

• ESNAULT, Gustave. *Mémoires de Leprince d'Ardenay*, Le Guicheux Galienne, Le Mans, 1880.

• ESNAULT, G. et DENIS, J.L. *Dictionnaire des artistes manceaux*, Goupil, Laval, 1899.

• FERTRE, André. « René Chauvin du Ponceau d'Oigny », *Bulletin de la Société d'agriculture sciences et arts de la Sarthe*, 1957.

• FLEURY, Gabriel. *L'Eperon de la Vieille Porte*, éd. Fleury, Mamers, 1901.

• FOUCART WALTER, Elisabeth. *Catalogue de la peinture française du XVIIe siècle au Musée du Mans*, éd. des Musées nationaux, 1982.

• FROGER, Louis. *Visites et inspections du grand doyen du Mans au XVIe siècle*, Province du Maine, 1898.

• GIRAULT, Charles. *La Vente des biens nationaux dans la ville du Mans*, Vilaire, Le Mans, 1933.

• GIRAULT, Charles. « La Famille de Garnier », *Bulletin de la Société d'agriculture sciences et arts de la Sarthe*, 1933.

• GIRAULT, Charles. *L'Ancien Hôtel de Fondville*, Jobidon, Le Mans, 1943.

• GUILLEUX, Joseph. *L'Enceinte romaine du Mans*, Bordessoules, 2000.

• HUCHER, Eugène. *Etudes sur l'histoire et les monuments de la Sarthe*, Monnoyer, Le Mans, 1856.

• HUCHER, Eugène. *Le Jubé du cardinal de Luxembourg à la cathédrale du Mans*, Edmond Monnoyer, Le Mans, 1875.

• JUGE, Clément. *Nicolas Denizot du Mans*, éd. A. Bienaimé, Le Guicheux, Le Mans, 1907.

• LECOQ, Roger. *Armes à feu. Collection des musées du Mans*, éd trait d'Union, Le Mans, 2000.

• LEPELLETIER, Deslandes. « Charles VI au Mans », *Bulletin de la Société d'agriculture sciences et arts de la Sarthe*, 1852.

• LESTANG, (de), G., « Documents typographiques sur la ville du Mans pour les XIVe et XVe siècles », *Bulletin de la Société d'agriculture, sciences et arts de la Sarthe*, 1861.

• LE VASSEUR, René. *Mémoires*, t. I et II, Rapilly, Paris, 1829, t. III et IV, A. Le Vavasseur, Paris, 1831.

• L' HERMITTE, Julien. « Un contingent de l'armée de Charles VI au Mans en 1362 », *Bulletin de la Société d'agriculture sciences et arts de la Sarthe*, 1901.

• MALE, Emile. *L'Art religieux du XIIe siècle en France*, Armand Colin, Paris, 1923.

• METIVIER, Henri. *L.E. de La Vergne de Tressan*, Galerie Française de la Sarthe, s.d.

• MUSSAT, André (sous la dir. de). *La Cathédrale du Mans*, Berger-Levrault, Paris, 1981.

• PALUSTRE, Léon. « Monuments d'art de la ville du Mans », *Gazette des beaux arts*, 1886.

• PESCHE, Julien. *Dictionnaire typographique, historique et statistique du département de la Sarthe*, Monnoyer, Le Mans, 1931.

• PIOLIN, Paul. *Histoire de l'église du Mans*, éd. Julien et Lanier, Paris, 1851, 1871.

• *Registre des conclusions capitulaires de Saint-Pierre-de-la Cour*, archives de la Sarthe G.882 Le Mans, 1449.

• RENARD, Adolphe. « Jacques Tahureau », *Bulletin de la Société d'agriculture sciences et arts de la Sarthe*, 1916.

• RICHELET. *Le Mans ancien et moderne*, éd. Belon, Le Mans, 1930.

• TAHUREAU, Jacques. *Les Dialogues de feu Jacques Tahureau gentilhomme du Mans*, éd. Gabriel Buon, Paris, 1566.

• TOURNOUER, Henri. « Robert Triger ». *Revue historique et archéologique du Maine*, 1928.

• TRIGER, Robert. « Les desséchements subits de la Sarthe au Mans et à Fresnay », *Bulletin de la Société d'agriculture sciences et arts de la Sarthe*, 1883.

• TRIGER, Robert. *Sainte Scholastique patronne de la ville du Mans*, 1997.

• TRIGER, Robert. *L'Eglise de la Visitation au Mans, son principal architecte A.V. Pillon*, éd. A. de Saint-Denis, Le Mans, 1903.

• TRIGER, Robert. « L'ancien évêché du Mans », *Revue historique et archéologique du Maine*, 1924.

• TRIGER, Robert. « Le collège de l'Oratoire », *Revue historique et archéologique du Maine*, 1925.

• TRIGER, Robert. *La maison dite de la reine Bérengère au Mans*, Fleury et Dangin, Mamers, 1892.

• TRIGER, Robert. « Le tombeau de la reine Bérengère à la cathédrale du Mans », *Revue historique et archéologique du Maine*, 1920.

Remerciements

A Monsieur Jean-Claude Boulard, maire du Mans, qui de longue date a soutenu ce projet.
A Grégory Chaquin, éditeur zélé.
A Aurélie Orsat pour son aimable et patiente collaboration.
A Carole Hirardot, attachée de conservation aux musées du Mans, pour son aide précieuse sans limite ainsi qu'à François Arné, directeur des musées du Mans.
A Julie Pihan, attachée de conservation au Carré Plantagenêt, pour le prêt de documents.
A Marie-Laurence Viel, adjoint du patrimoine, fonds études et patrimoine de la médiathèque Louis-Aragon du Mans, pour son aimable collaboration documentaire.
A Dominique Breugnot, photographe de talent, pour sa disponibilité sans limite.
Ainsi qu'à Didier Béoutis, Serge Bertin, Pierre Chevet, Denys Ezquerra, Pierrick Jadaud, Ghislaine Helen et Jürgen Klötgen, Franck Miot, Gilles Moussé, Madeleine Poignault, Pierre Poirrier et Irad Sachs.

Table des matières

Crédits photographiques

Bernard Barbereau – conception graphique **André Palais** et **Emma Boutboul** : 219, 221.
Dominique Breugnot/TEAM DBC PICTURES : 4, 8, 9, 11; 12, 13, 14, 17 bas, 18-19, 22, 23, 24, 25, 29, 34, 36, 38, 41, 46, 48, 49, 52, 53, 55, 56, 57, 59, 60, 62, 64, 65, 68, 69, 70, 71, 72, 79, 80, 81, 82, 84, 86, 89, 90, 96 bas, 97, 98, 100, 102, 103, 104, 105 droite, 106, 107, 108, 110, 114, 117 bas, 121, 122, 123, 124, 127, 129, 130, 131 bas, 132, 133 bas, 135, 137, 140, 141, 147, 150, 151, 152, 156, 158, 159, 162, 163, 164-165, 168, 170, 171, 172, 174, 176, 178, 180, 181, 184, 185, 186, 187 bas, 194, 203, 205, 207, 210, 211, 212, 217, 222 bas, 223, 224 haut, 225, 226, 228, 229, 232.
Pierre Chevet, Inrap : 20, 21.
Collections particulières : 216, 218.
Jean-Paul Dumontier/LA COLLECTION : 128, 188 haut.
Gallica.bnf.fr/Bibliothèque nationale de France : 27.
Interfoto/LA COLLECTION : 28.
Médiathèque Louis-Aragon du Mans : 7, 15 bas, 30, 31, 67, 76, 77, 88, 94, 95, 96 haut, 105 gauche, 109, 111, 112, 117 haut, 118, 133 haut, 139, 148, 155, 169, 193, 199, 200-201, 224 bas, 227.
Musées du Mans : 6, 10, 15 haut, 16, 17 haut, 35, 37, 39, 42-43, 44-45, 50, 83, 85, 87, 93, 101, 113, 115, 116, 119, 131 haut, 134, 136, 138, 142, 143, 144, 153, 160, 161, 167, 175, 179, 182-183, 189, 190, 197, 198, 202, 204, 208, 209, 214, 215, 222 haut, 230.
Société historique et archéologique du Maine : 213.
Ville du Mans : 231.
Ville du Mans – Gilles Moussé : 220.
Ville du Mans – Pierre Poirrier : 195.

Imprimé en UE
Septembre 2015